城市轨道交通全自动运行系统丛书

城市轨道交通全自动运行系统线路投资与建设

王继德　李瑞国　编著

中国铁道出版社有限公司

2023年·北　京

内容简介

本书以山西省首条城市轨道交通线路——太原地铁2号线一期工程为背景，全面梳理总结了地铁2号线在投融资、设计与施工、建设管理等全过程中的具体做法、技术创新和经验教训，形成一套具有全自动运行特色的城市轨道交通项目投资与建设指南。全书分为全自动运行投资管理、全自动运行公司管理、全自动运行B部分建设管理、车辆及机电系统设备安装施工、全自动运行运营筹备实施、非客运业务开发等部分。本书可作为地铁企业职工培训教材，也可供相关院校师生使用。

图书在版编目(CIP)数据

城市轨道交通全自动运行系统线路投资与建设/王继德，李瑞国编著．—北京：中国铁道出版社有限公司，2023.6
(城市轨道交通全自动运行系统丛书)
ISBN 978-7-113-30206-1

Ⅰ.①城… Ⅱ.①王… ②李… Ⅲ.①城市铁路-轨道交通-自动驾驶系统-基本建设投资 Ⅳ.①U239.5

中国国家版本馆CIP数据核字(2023)第071359号

书　　名：城市轨道交通全自动运行系统线路投资与建设
作　　者：王继德　李瑞国

责任编辑：梁　雪　　**编辑部电话：**(010)51873193
封面设计：郑春鹏
责任校对：刘　畅
责任印制：樊启鹏

出版发行：中国铁道出版社有限公司(100054，北京市西城区右安门西街8号)
网　　址：http://www.tdpress.com
印　　刷：河北宝昌佳彩印刷有限公司
版　　次：2023年6月第1版　2023年6月第1次印刷
开　　本：710 mm×1 000 mm 1/16　**印张：**11.25　**字数：**204千
书　　号：ISBN 978-7-113-30206-1
定　　价：48.00元

编写人员

主　编： 王继德　李瑞国

副主编： 张建兴　张永弟　于　云　曹国仪　白　宇

顾　问： 夏景辉　刘书浩

编　委（按姓氏笔画排序）：

井宇豪　石翠颖　田佳霖　刘　玲　刘泽森
刘凌冲　齐敬飞　闫晓宇　严京晶　杜　强
李　康　李敬峰　吴　波　张　军　张　洋
张亚慧　张夏华　陈　茜　武　帅　武学文
岳嘉琦　郑永志　赵西川　赵俊杰　胡方鑫
胡晋伟　禹嘉伦　袁文兵　栗　岗　夏　伟
郭　飞　郭华军　郭进升　黄萌萌　曹　军
常子龙　梁志远　梁志儒　韩正清　舒胜明
鲁长顺　雷　鸣　蔡民长

前　言

轨道交通是一座现代化城市的标配，对于优化城市布局、拉动经济发展、提升群众幸福指数有着积极的促进作用。2020 年 12 月 26 日，山西省首条地铁线路——太原地铁 2 号线一期工程正式投入初期运营，在一片欢呼和喜悦声中，太原正式迈入了地铁时代。

该项目于 2016 年 3 月全面开工，工程采用“A＋B”PPP 模式，即：A 部分为土建部分，以政府主导，采用自建模式；B 部分为机电设备部分和站内装修，采用政府与社会资本方合作模式。由中国中铁电气化局集团有限公司作为社会资本方牵头组建的 PPP 项目公司——太原中铁轨道交通建设运营有限公司负责太原地铁 2 号线 B 部分的投融资、建设及 2 号线一期工程项目设施运营管理、运营维护及授权范围内的非客运服务业务。

2020 年，太原中铁轨道交通建设运营有限公司秉承“特别能吃苦、特别能战斗、特别能攻坚、特别能奉献”的光荣传统，发扬“白＋黑”“5＋2”连续作战精神，与太原轨道交通集团有限公司（政府方出资代表）联合成立“2 号线一期工程保通车指挥部”，全年召开调度例会 253 次，妥善解决人员返岗、物资及设备供应、AB 部分工程接口协调等各类问题，在短短的 1 年 3 个月内，共完成轨道铺设、“四电”安装、装饰装修、车辆监造、联调联试、运营筹备等重点工程、任务，力保按期完成建设任务。

本书主要结合太原地铁 2 号线一期工程实例，对地铁 2 号线在投融资、设计与施工、建设管理等全过程中的具体做法、技术创新和经验进行系统总结，旨在为城市轨道交通全自动运行投资与建设添砖加瓦，同时给同行业在全自动运行投资与建设方面提供借鉴和参考。

本书共分7部分，包括全自动运行投资管理、全自动运行公司管理、全自动运行B部分建设管理、车辆及机电系统设备安装施工、全自动运行运营筹备实施、非客运业务开发及建设大事记，建立形成一套具有全自动运行特色的城市轨道交通项目规划与建设指南，为后续全自动运行线路的规划建设和更多的PPP项目落地提供有益参考。

由于时间仓促、编者水平有限，书中难免有错漏之处，望广大读者、同行、专家提出宝贵意见。

作　者

2023年3月

目　　录

专业术语缩写

1. ACS（Access Control System） 门禁系统
2. AFC（Automatic Fare Collection） 自动售检票系统
3. ATO（Automatic Train Operation） 列车自动驾驶系统
4. ATP（Automatic Train Protection） 列车自动防护系统
5. ATS（Automatic Train Supervision） 列车自动监控
6. BAS（Building Automation System） 环境与设备监控系统
7. CBI（Computer Based Interlocking） 计算机联锁
8. CBTC（Communication Based Train Control） 基于通信的列车自动控制系统
9. CCTV（Closed Circuit Television） 闭路电视监控
10. CI（Computer Interlocking） 计算机联锁
11. CNIS（Computer Network Information Management） 计算机网络信息管理系统
12. DCS（Data Communication System） 数据通信系统
13. FAS（Fire Alarm System） 火灾报警系统
14. IBP（Integrated Backup Panel） 综合后备盘
15. IDCS（Integrated Dispatch Comnand System） 综合调度指挥系统
16. ISCS（Integrated Supervision and Control System） 综合监控系统
17. ITC（Intermittent Train Control） 点式列车控制模式
18. MMS（Maintenance Management System） 维护管理系统
19. OBCU（On-board Signal Control Unit） 车载信号控制单元
20. PA（Public Address System） 广播系统
21. PIS（Passenger Information System） 乘客信息系统
22. PSC（Central Control Panel） 中央控制盘
23. PSCADA（Power Supervisory Control and Data Acquisition） 电力综合监控系统
24. PSD（Platform Screen Door） 站台门

25. TAU（Train Access Unit） 列车接入单元
26. TCMS（Train Control and Management System） 列车控制和管理系统
27. UPS（Uninterruptible Power Supply） 不间断电源
28. UTO（Unmanned Trains Operation） 全自动无人驾驶
29. ZC（Zone Controller） 区域控制器

1　全自动运行投资管理

1.1　项目概述

1. 项目背景

太原地铁 2 号线功能定位为沿城市南北向核心扩展轴布设，连接主城和新城，促进城市向南部拓展；兼具交通需求型和规划引导型的线路特征；是线网中唯一贯穿南北的线路，是解决城市交通拥堵问题、优化城市交通结构的骨干线路；是线网中第一条开工建设的线路，对后续线路的建设具有示范引导作用。太原市立足于将这项工程构建成一项保民生、促发展、拉动经济发展的一项惠民基础设施工程。

2. 项目前期批复情况

2012 年 6 月，中华人民共和国国家发展和改革委员会（以下简称"国家发改委"）批复《太原市城市轨道交通近期建设规划（2012—2018 年）》（发改基础〔2012〕1819 号）。

2013 年 8 月，山西省发展和改革委员会批复《太原市轨道交通 2 号线一期工程（小店南—西涧河）可行性研究报告》（晋发改交通发〔2013〕1719 号）。

2014 年 4 月，山西省发展和改革委员会批复《太原市轨道交通 2 号线一期工程（人民南路—西涧河）初步设计》（晋发改设计发〔2014〕525 号）。

2016 年 6 月，太原市人民政府批复太原市城市轨道交通线网规划修编（并政函〔2016〕48 号）。

2016 年 12 月，山西省发展和改革委员会批复《太原市轨道交通 2 号线一期工程（小店南—西涧河）可行性研究补充报告》（晋发改交通发〔2016〕912 号）。

2017 年 3 月，山西省发展和改革委员会批复《太原市轨道交通 2 号线一期工程（人民南路—西涧河）补充初步设计》（晋发改设计发〔2017〕137 号）。

2016 年 10 月，太原市轨道交通 2 号线一期工程 B 部分完成了 PPP 项目的咨询机构招标工作，并于 2017 年 5 月完成《财政承受能力论证报告》《物有所值评价报告》及《PPP 项目实施方案》的编制。

2018 年 8 月，《山西省发展和改革委员会关于太原市轨道交通 2 号线一期工程（人民南路—西涧河）初步设计采用全自动运行等技术方案设计调整的批复》（晋发改设计发〔2018〕411 号）。

3. 项目投资背景

在国家宏观战略层面的推动下，各级地方政府在基础设施领域大力推广 PPP 模式。PPP 模式即 Public Private Partnership 的字母缩写，通常译为“公共私营合作制”，是指政府与私人组织之间，合作建设城市基础设施项目；或是为了提供某种公共物品和服务，以特许权协议为基础，彼此之间形成一种伙伴式的合作关系，并通过签署合同来明确双方的权利和义务，以确保合作的顺利完成，最终使合作各方达到比预期单独行动更为有利的结果。PPP 模式在轨道交通、水务等基础设施领域得到广泛应用，有力推动了城市基础设施建设的发展。

由于轨道交通造价高昂，建设过程中需要耗费大量资金，仅依靠政府的投资很难保证城市轨道交通的发展，筹集建设资金成为制约轨道交通发展的首要障碍。太原市作山西省省会，中心城市，对轨道交通项目的建设需求强劲，但巨大的资金缺口却限制了其发展。正是运用 PPP 模式，实现投资多元化，引入市场竞争机制，提高基础设施运行效率，降低社会服务价格，有力地促进本地轨道交通行业的健康发展。

1.2 股东方介绍

1. 政府方出资代表——太原轨道交通集团公司有限公司（占比 5%）

太原轨道交通集团有限公司（以下简称“太原轨道公司”）于 2012 年 5 月成立，公司性质为“有限责任公司（国有控股）”，注册资金 70.83 亿元。公司秉承轨道交通“1231”发展战略。“1”指一个目标：打造中国“338”城市轨道精品工程（太原地铁 2 号线是目前国内已建成及在建的第 338 条城市轨道交通工程）。“2”指两个带动：带动引领城市的发展、带动轨道交通全产业链发展。“3”指三个理念：建设绿色地铁、人文地铁、智慧地铁。“1”指走出一条市场化发展之路：主动断奶，自我造血，走以市场化手段为主的轨道交通可持续发展道路。作为现阶段太原市轨道交通建设、运营指导思想，全面履行融资、建设、运营和资源开发“四位一体”职能，控制项目质量安全、投资、进度；负责广告、通信等其他特许经营权的经营；负责轨道交通范围内通信系统的建设与经营；负责轨道交通项目控制范围内的土地利用与开发，以及轨道交通特许经营，地铁新建线路建设管理、劳务服务、仓储服务、技术服务、技术培训、信息咨询。

2. 联合体股东方介绍

1）中国中铁电气化局集团有限公司（占比 65.43%）

中国中铁电气化局集团有限公司（以下简称“中铁电气化局”）于 1958 年伴随着中国第一条电气化铁路——宝成电气化铁路的建设而诞生，至今已走过 60 多年的辉煌历程。现已发展成为集工程建设、勘察设计、科研开发、工业制造、试验检测、工程监理、物贸物流、运营维管、房地产开发、投融资“十位一体”的大型企业集团。中铁电气化局是世界企业和世界品牌双500强——中国中铁股份有限公司的重要成员企业,是中国电气化铁路建设的国家队和主力军。

2)中铁建信(北京)投资基金管理有限公司(占比28.57%)

中铁建信(北京)投资基金管理有限公司(以下简称“中铁建信”)成立于2013年3月,注册资本5 000万元,是由中铁资本有限公司与建信(北京)投资基金管理有限责任公司(以下简称“建信投资”)合作设立的专业基金管理公司,营业范围为非证券业务的投资管理、咨询。中铁建信致力于成为中国中铁产融结合的重要平台,通过整合中国中铁丰富的项目资源和建信投资专业的投融资管理资源,发起设立有限合伙制产业基金,投资于基础设施建设、能源矿产、机械设备制造、新材料生产、城市地产开发等领域。中铁建信是产融结合综合性基建投融资平台,位居中国私募基金百强前列,在基建领域投资、募资、资产管理、项目投资等方面具有强大优势。

3)太原中车轨道交通装备有限公司(占比1%)

太原中车轨道交通装备有限公司(以下简称“太原中车”)为中国中车股份有限公司所属的大型一类国有企业,是我国最大的铁路电力机车检修基地和铁路漏斗车设计制造主导企业,公司自行设计制造的铁路工程类作业机械居国内先进水平。公司拥有较强的自主研发能力,现为山西省省级技术中心、山西省铁路漏斗车工程技术研究中心。在太原市工业企业50强和山西省100强企业排名中名列前茅,是国家级高新技术企业。

1.3 合作范围

太原地铁2号线一期工程分为A、B两部分实施,其中A部分主要包括项目前期工程(征地拆迁、管线改移、临时交通疏解工程等)、全部勘察设计和设计咨询、土建工程(包括车站、区间、车辆段及综合维修基地等),以及工程初步设计之前的全部项目前期工作。A部分由太原轨道公司负责投资建设,并作为2号线一期的整体由政府授权租赁给项目公司。B部分包括车站及同期实施工程的装修装饰和综合管吊支架、区间疏散平台、轨道工程、车辆、通信(不含民用通信)、信号、供电系统、综合监控、防火报警与设备监控、通风空调、给排水与消防、安防及门禁、自动售检票、车站辅助设备、人防等工程和系统,以及车辆段及综合维修基地的工艺设备部分等。

PPP项目公司经营范围包括太原地铁2号线一期工程B部分的投资、建设以及2号线一期工程所有设施设备的运营管理、运营维护以及授权范围内的非客运服务业务经营。项目公司根据PPP合同和资产租赁协议的规定租赁A部分项目设施，并根据PPP合同以及资产租赁协议的规定负责2号线一期工程设施的运营、维护和更新(包括但不限于在2号线一期工程设施中符合适用法律规定的空间内从事非客运业务，但资产租赁协议中另有约定的除外)，并按照适用法律和PPP合同规定获取票款和其他收益，合作经营期结束后，项目公司按照PPP合同和资产租赁协议的规定将A部分项目设施交还给市政府或其指定部门，同时将B部分项目设施无偿、完好地移交给市政府或其指定部门。

1.4　PPP项目各方职责

1. 政府及实施机构

(1)按PPP合同约定向项目公司授予经营权。

(2)向项目公司提供在A部分项目设施以内的B部分建设工程建设过程中所需的场地和空间，不另外收取费用。

(3)按PPP合同约定为项目建设和运营提供必要的城市公共道路的通道及水、电、电信线路等外部配套条件。

(4)督促太原轨道公司按《资产租赁协议》的约定在A部分项目设施移交日将A部分项目设施移交给项目公司，供其在运营期内使用。

(5)督促太原轨道公司按PPP合同规定的关键工期、进度计划和建设标准完成A部分建设工程的建设，并承担相关的一切费用、责任和风险，包括按照《资产租赁协议》的规定对A部分建设工程承担质量责任。

(6)及时向项目公司提供初步设计文件，并向项目公司提供与2号线一期工程A部分建设工程及接口工程建设相关的各项工作的信息、资料和文件。

(7)督促太原轨道公司就其对A部分项目设施(包括但不限于在建工程)设定的任何抵押权、留置权或其他第三方权利(如有)向项目公司及时书面披露，并确保该等抵押权、留置权或其他第三方权利不对项目公司使用、运营A部分项目设施产生任何实质性不利影响。

(8)在市政府权限和管辖范围内协助项目公司依法获得项目审批、核准，进行项目建设、运营及管理等所必需的各项批准、许可、授权、登记及备案等。

2. 政府方出资代表

(1)配合完成项目所需的后续批准、论证、行政许可手续及政策落实，参与项目公司的管理。

(2)按合同约定投入应出资的注册资本金及项目资本金。

3. 联合体股东方

(1)筹集项目建设(B 部分)所需资本金，按照特许协议的规定保证建设资金按时到位。

(2)协助项目公司开展项目融资。

(3)按照适用法律，承接项目建设任务。

(4)按特许经营协议，收回投资回报。

(5)按照合同及公司章程的约定享有项目公司股东的权利，并主要负责项目公司的管理。

4. 项目公司

(1)依据适用法律的规定，申请 B 部分建设工程建设需要的批准，有义务满足适用法律所规定的获得和保持相关批准所要求的条件，积极促使获得和保持前述批准，并支付所需的费用。

(2)根据适用法律的要求，履行建设单位应尽的各项义务(包括但不限于施工安全、员工利益保障等)。

(3)负责 B 部分建设工程的融资和建设工作。

(4)按合同约定的关键工期、进度计划和建设标准完成 B 部分项目设施的建设，并承担相关的一切费用、责任和风险。

(5)按照合同进行接口工程的中间验收。

(6)按照合同的约定组织对 B 部分项目设施的工程初步验收。

(7)按照合同约定组织进行太原地铁 2 号线一期工程试运行，按照适用法律组织完成 2 号线一期工程的专项验收以及正式验收。

(8)按照合同约定接受市政府或市政府指定机构的监督和检查，包括提交进度报告和质量报告，协助市政府或市政府指定机构或其代表完成相应的监督、检查和监理工作，提供完成上述工作所需的条件。

(9)按照合同的规定在建设期为 B 部分建设工程的建设购买保险。

(10)按照合同的规定，提供客运服务；确保与提供客运服务相关的设施处于良好的状态，具备不间断提供客运服务的能力；确保太原地铁 2 号线一期工程的安全运营。

(11)执行市政府或市政府指定机构制定的轨道交通运营票价，并根据适用法律和合同的规定接受市政府或市政府指定机构的价格监督检查。

(12)进行太原地铁 2 号线一期项目设施的维护和更新，包括摊销年限在 25 年的轨道、供电、给排水及消防系统更新改造以及主要设计文件确定的远期配属车辆的增购。

(13)按照合同的规定，服从市政府或市政府指定机构的监管，并在市政府介入的情况下，服从市政府或市政府指定机构统一调度安排；按照合同的规定，根据市政府或市政府指定机构的要求提供与运营和维护相关的资料和数据。

(14)项目与后续工程的运营是不可分割的，项目公司有义务按照合同的约定配合项目后续的延长线或支线的建设和运营。

(15)项目各设备系统应为2号线二期工程的接入无偿提供预留接口。

1.5　项目招投标情况

2017年5月27日太原市轨道交通建设管理办公室发布太原市轨道交通2号线一期工程(B部分)PPP项目社会投资人采购资格预审公告；2019年3月12日太原市轨道交通建设管理办公室与中铁电气化局、中铁建信、太原中车轨道交通装备有限公司联合体谈判工作组进行采购结果确认谈判；2019年3月28日太原地铁2号线一期工程(B部分)由中铁电气化局、中铁建信、太原中车联合体中标；2019年6月13日太原市财政局、太原市轨道交通建设管理办公室、太原轨道公司、中铁电气化局、国家开发银行山西银行进行PPP合同与融资相关内容谈判；2019年7月16日项目公司——太原中铁轨道交通建设运营有限公司(以下简称"太原中铁轨道公司")注册成立；2019年7月17日太原地铁2号线一期工程(B部分)PPP项目政府方谈判小组与太原中铁轨道公司进行PPP合同谈判；2019年9月5日太原地铁2号线一期工程(B部分)项目PPP合同签订；2019年9月12日太原地铁2号线一期工程(B部分)PPP项目资产租赁协议签订。

1.6　规划设计

1. 总体设计

太原地铁2号线一期工程南起西桥站，沿人民路、长治路、解放路向北布设，北端止于尖草坪站，线路长度为23.647 km，共设车站23座，其中换乘站7座；最大站间距为1 580 m，为长风街—王村南街区间；最小站间距为715 m，为府西街—缉虎营区间，平均站间距为1 058 m。设车辆段与综合维修基地1座，设于人民南路以东、十号路以南的地块中；设主变电站2座，分别位于龙城公园站和大北门站附近。2号线与1、3、4、5、6、7、8号线共用一个控制中心，设于龙城大街以北、长治路以东的地块中。太原地铁2号线一期工程车站命名方案见表1-1，线路图如图1-1所示。

表 1-1 太原地铁 2 号线一期工程车站命名方案

序号	正式站名	理由	公示站名	工程用名
1	西桥站	临近西桥村	西桥站	人民南路站
2	化章西街站	人民南路与化章西街交叉口	化章街站	化章街站
3	通达街站	人民南路与通达街交叉口	通达街站	通达街站
4	康宁街站	人民北路与康宁街交叉口	康宁街站	康宁街站
5	电子西街站	人民北路与电子西街交叉口	电子西街站	畜研所站
6	嘉节站	临近嘉节村	嘉节站	嘉节站
7	龙城公园站	规划龙城公园中心处	龙城公园站	龙城大街西站
8	龙兴街站	长治路与龙兴街交叉口	龙兴街站	中心街西站
9	晋阳街站	长治路与晋阳街交叉口	晋阳街站	晋阳街站
10	南中环站	长治路与南中环街交叉口	南中环街站	南中环街站
11	学府街站	长治路与学府街交叉口	学府街站	学府街站
12	长风街站	长治路与长风街交叉口	长风街站	长风街站
13	王村南街站	长治路与王村南街交叉口	王村南街站	王村南街站
14	南内环站	长治路与南内环街交叉口	南内环街站	南内环街站
15	体育馆站	临近山西省体育馆	体育馆站	双塔西街站
16	大南门站	大南门片区	大南门站	大南门站
17	开化寺街站	解放路与开化寺街交叉口	开化寺街站	钟楼街站
18	府西街站	解放路与府西街交叉口	府西街站	府西街站
19	缉虎营站	解放路与东、西缉虎营交叉口	缉虎营站	缉虎营站
20	大北门站	大北门片区	大北门站	北大街站
21	胜利街站	解放北路与胜利街交叉口北，且与红色革命联系紧密	胜利街站	矿机站
22	涧河站	跨尖草坪、杏花岭两区，紧临涧河	涧河站	小商品市场站
23	尖草坪站	尊重历史，尖草坪片区	太钢站	西涧河站

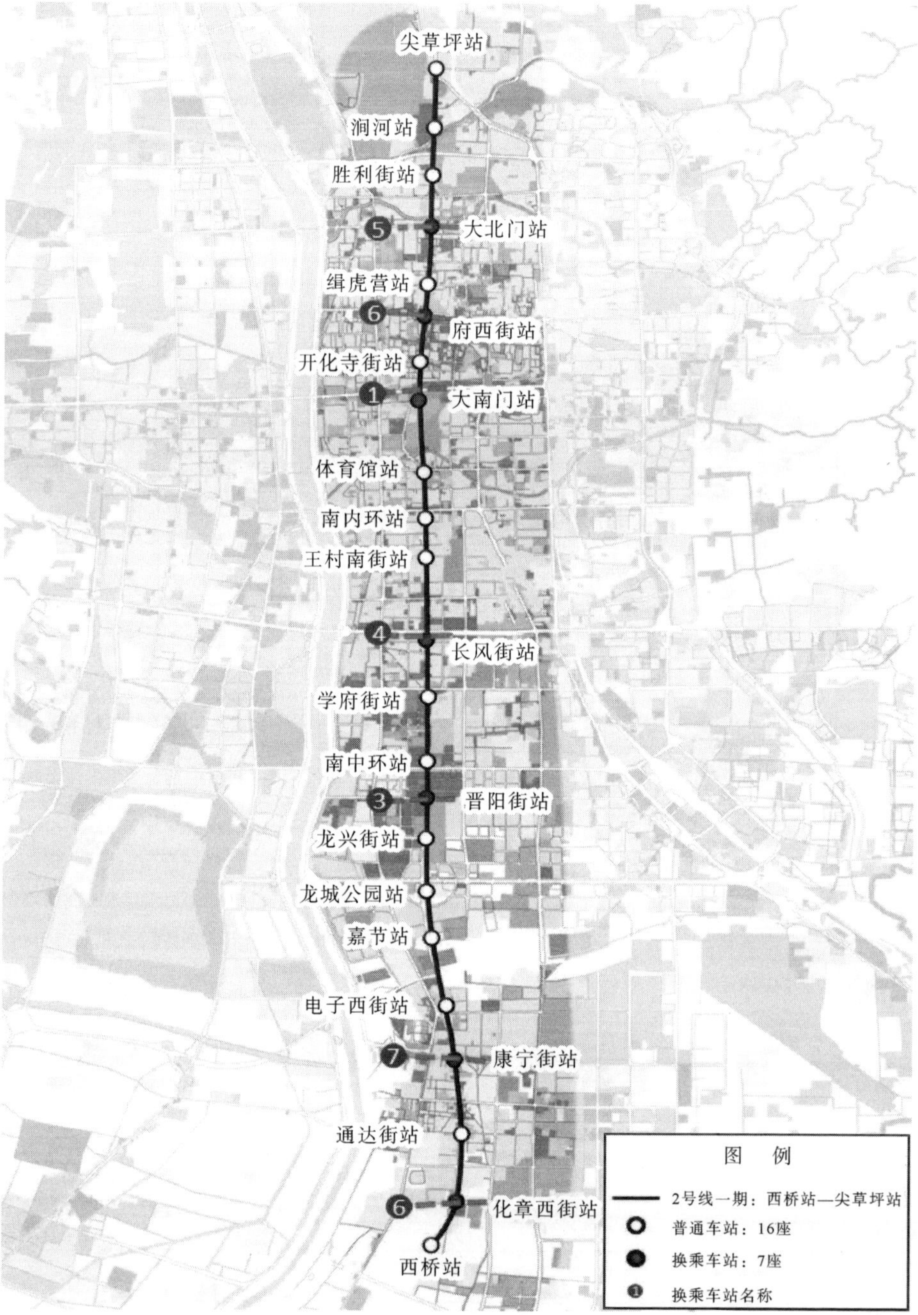

图 1-1 太原地铁 2 号线线路图

2. 初步设计原则

(1)以"安全适用,技术先进,经济合理"为目标,以太原市城市总体规划、综合交通规划、土地利用规划为依据,使轨道交通建设与城市改造相结合,达到缓解城市交通拥堵,提高城市公共交通运营服务水平,改善投资环境,促进城市经济发展的目的。

(2)太原地铁2号线设计运输能力应满足各设计年限客流预测的要求,设计运能与规模必须满足远期客流预测的需要,并留有一定储备量。

(3)线路走向和车站分布应符合《太原市城市轨道交通线网规划》和《太原市城市轨道交通建设规划》的要求,并与城市规划相协调,尽量照顾各大客流集散点,减少拆迁量,提高土地利用率和开发价值;同时应考虑地面建筑情况,注意保护重点历史文物和环境,充分考虑地形地貌和地质条件,尽量避开不良地质地段和重要的地下管线,以利于工程实施和降低工程造价。结合城市现状和地质条件,采用不同的线路敷设方式,以降低工程造价。

(4)车站应设在主要客流集散点。车站建筑布局应以交通功能为主,做到总体布局紧凑、乘客疏导顺捷、乘降安全,便于运营管理和乘客集散畅通,考虑残疾人的服务设施;合理控制车站规模,有效地利用地下空间,有条件时,可将部分管理及设备用房设在地面。

(5)车辆配置数量按初期的用车量设计。列车运用整备、检修设施按近期规模建设,车辆基地的用地范围按远期规模设计,其他地面建筑根据工艺要求按近、远期相结合建设。

(6)以所选车辆外形轮廓尺寸为基础,依据轨道及道床的条件确定车辆限界和设备限界,并通过设备合理布置及牵引网的条件确定建筑限界,确保列车安全运行。

(7)结构设计应根据沿线不同地段的工程地质和水文地质条件及城市总体规划要求,结合周边既有建筑物、管线及道路交通状况,通过对技术、经济、施工工艺、环境影响、使用功能等方面的综合评价,合理选择施工方法和结构形式。尽可能采用新技术、新材料,并使结构设计安全可靠、先进合理,满足运营功能要求和建筑限界、施工工艺、防水及城市规划等方面的要求。

(8)电源由国网山西省电力公司太原供电公司提供。两路专用电源按一级负荷供电,必须安全可靠,当一路电源故障时,另一路应能满足正常运行的需要。

(9)水源应采用城市自来水。雨污水和废水(处理达标)均分别就近排入城市雨污水管道。

(10)根据太原市气候条件,车辆和车站均设置通风空调设备,以创造较舒适的乘车环境;通风空调系统应满足正常运行工况、阻塞工况和火灾工况时的要求,并满足人防部门提出的防化要求。通风空调系统应使地铁内部环境满足现行标准要求,噪声控制应符合现行国家标准的规定。

(11)通信专业应建立专用通信传输网和独立的公务电话系统,后者与市政公用通信网相连。

(12)信号各子系统相互协调配合,确保列车运行安全,提高行车效率。

(13)防火灾设计应贯彻"预防为主、防消结合"的方针,同一条线路按同一时间内发生一次火灾来处理。

(14)地下线区段设计应根据城市规划的人防要求,按现行《人民防空工程设计规范》(GB 50225—2005)的规定进行设计。人防防护门及防护段无论深埋还是浅埋,均采用现浇钢筋混凝土结构。不同地段的结构根据拟定的人防荷载等级进行强度验算,并按平战转换方式进行设计。

(15)控制中心是行车指挥、电力监控、车站设备监控中心,也是通信枢纽和信息交换处理中心,应合理划分各级(中心、车站、就地)监控功能。

(16)车辆段与综合基地选址应结合城市现状并与城市规划相协调。车辆段与综合基地包括车辆段、综合维修中心、材料总库,其布置应在满足功能需求的基础上,力求工艺顺畅、合理紧凑、节约用地。

(17)车辆和机电设备应采用满足功能要求、技术经济合理的成熟产品,并考虑标准化、系列化和国内生产条件。综合国产化率应达到70%以上。

3. 客流预测

太原地铁2号线是南北方向的线路,是太原北部—中心市区—南部新区的主客流走廊,是轨道线网中的骨干线路。从客流预测结果来看,初期全日总运量为35.52万人次,高峰小时最大断面客流为1.91万人次,平均乘距为9.35 km;近期全日客运总量为89.71万人次,高峰小时最大断面客流为3.37万人次,平均乘距为10.07 km;远期全日总运量达到122.51万人次,高峰小时最大断面客流为4.21万人次,平均乘距为9.37 km。从总体上来看,最大断面客流基本呈抛物线形增长。

4. 行车与客流组织

根据客流特征分析,经过对列车运行交路的研究论证,正常运营状态的列车运行初期高峰开行列车为15对/h。由于线路刚开通运营,轨道交通应具备一定的服务水平来培育和吸引客流,且作为第一条开通运营的线路,运营管理和人员技能需有一个适应和提高的过程,因此初期只考虑运行一个列车交路,即西桥站—尖草坪站。

根据运营需要，2 号线西桥—尖草坪段在西桥、康宁街、龙城公园、南中环、南内环、大南门、府西街、大北门、尖草坪等站设置不同形式的配线，按照使用功能可分为以下五类：

(1)折返线。用于组织列车折返，一般设置在列车始发站、终点站及小交路折返站。一期工程在西桥站、尖草坪站设置折返线，西桥站利用出入段线折返，尖草坪站初期利用站前单渡线折返。

(2)停车线。在正常运营时，仅供故障列车临时存放，一般每隔 8～10 km 设一条。一般在距车辆段或停车场较远的折返站上加设停车线，以便于早、晚按运行图发、收车，以减少列车空走时间。根据运营需要在龙城公园、南内环、府西街设置停车线。

(3)渡线。一般需配合折返线、停车线和联络线设计，也可根据运营需求单独设置，以方便故障情况下组织临时交路和工程车折返。2 号线在康宁街、南中环街、大南门、大北门、尖草坪站设置单渡线。

(4)车辆段(停车场)出入线。是连接车辆段(停车场)与正线的辅助线，用于向正线发出列车和接收回段(场)列车。

(5)联络线。用于连接其他轨道交通的线路，一般在具有车辆资源共享或大架修基地共享的线路之间设置。根据最新线网规划调整，在大南门站设置与 1 号线的联络线。

结合 2 号线一期工程客流情况、线路特点、列车配属(2 号线一期工程全线初期运营配属 15 辆列车，其中上线 13 辆，备用车 2 辆)、运营维护需求、列车运行时间等多方面因素，公司对 2 号线一期工程初期运营列车运行计划进行充分研究，确定 2 号线一期工程贯通初期运营的列车运行计划。

1.7 投融资管理

1.7.1 资本结构

根据招标文件、PPP 合同有关要求及约定，结合补充初步设计批复文件及 B 部分建设内容，太原地铁 2 号线一期工程(B 部分)初始建设投资(含车辆)共计 619 831.20 万元，初始总投资为 641 709.57 万元，下浮后初始投资为 602 994.87 万元，下浮后初始总投资为 609 317.16 万元。资本金为下浮后初始总投资的 35%，即 213 261 万元，剩下的投资由公司融资解决，项目投融资结构如图 1-2 所示。

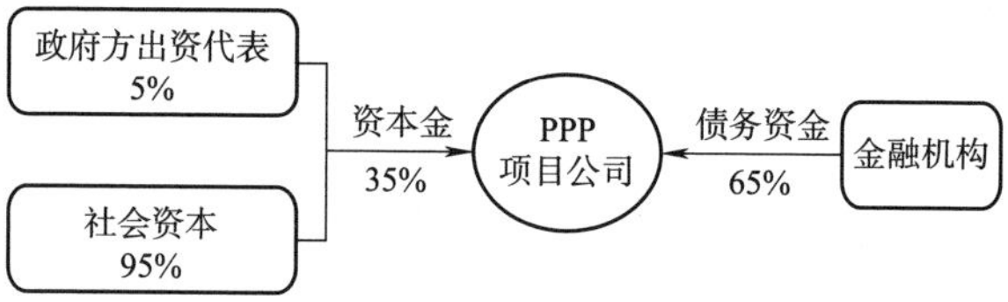

图 1-2 项目投融资结构图

1.7.2 项目资金筹措方案

1. 项目资金总体筹措计划

结合招标文件工期要求、工程筹划方案、资金需求规划，本着宽打窄用的原则，项目资金筹措方案以 2019 年 7 月公司成立为开始实质性投资，2019 年、2020 年项目资金分别到位约 70%、30%；项目资本金按公司章程约定的资本金到位比例，2019 年、2020 年分别到位 60%、40%，其余资金由债务资金进行补充，具体见表 1-2。

表 1-2 项目资金筹措计划表 （单位：万元）

年份	2019 年	2020 年	合计
资本金	127 956.60	85 304.40	213 261
债务资金	297 042.12	99 014.04	396 056.16
项目资金筹措合计	424 998.72	184 318.44	609 317.16

2. 资本金筹措方案

1)资本金来源

项目资本金由公司股东出资，对公司而言，是非债务性资金。项目资本金出资比例明细见表 1-3。

表 1-3 项目资本金出资比例明细表

项目资本金(注册资本)来源	资本金出资比例(%)	金额(万元)	出资方式
太原轨道公司	5%	10 663.05	货币资金
中铁电气化局	65.43%	139 536.67	货币资金
太原中车	1%	2 132.61	货币资金
中铁建信	28.57%	60 928.67	货币资金
总计	100%	213 261	货币资金

资本金全部以货币形式出资，资金性质为人民币。中铁建信资本金在中标后，发起设立产业基金，引入中国 PPP 基金，投资项目资本金。

2)资本金筹措计划

公司资本金筹措计划根据公司章程约定以货币方式分四次认缴出资,出资额分别为各股东认缴资本金的30%、30%、30%、10%。首笔出资在公司注册后30日内出资到位;后续出资与上笔出资间隔不超过3个月并根据公司用款情况进行适时调整;最后一笔出资在2020年6月30日前足额缴纳。资本金应缴额为213 261万元,资本金筹措计划见表1-4。

表1-4　资本金筹措计划表

时　　间	金额(万元)	比　　例
公司成立后30天内	63 978.30	30%
2019年11月16日之前	63 978.30	30%
2020年2月16日之前	63 978.30	30%
2020年6月30日之前	21 326.10	10%

3)资本金到位保障措施

(1)股东各方主营业务应发展势头良好,货币资金、新增利润、留存收益(盈余公积、未分配利润)等已形成规模并保持稳定增长趋势。

(2)公司成立后,在建设期的各个年度,将项目的资本金使用计划列入各股东年度预算,确保资金足额及时到位,以满足建设需要。

(3)建立各股东之间的联络、协商机制,为项目资本金筹集到位,按照公司章程约定时点,及时向各股东发送资本及出资提示和催缴函,并设立专门的融资工作领导小组、工作小组,安排专门人员负责落实项目资本金的筹集、出资工作。

(4)按照《中华人民共和国公司法》、国家建设项目资本金出资的有关规定,以及招标文件、PPP合同、公司章程等,对投入的项目资本金做到不抽逃、不挤占项目建设资金,并按照规定接受政府或其委托单位的监督管理。

经过上述保证措施,在项目初期运营前,股东各方资本金全部到位,为项目建设提供强有力的资金保障。

3. 债务资金融资方案

项目债务资金为396 056.16万元,在满足资金需求使用计划的基础上,债务资金融资方案如下:

1)债务资金筹措计划

公司在建设期向金融机构筹集的债务性资金共396 056.16万元。根据项目建设计划、项目资金需求及项目资本金投入情况,编制建设期债务资金筹措计划,做好每个季度资金需求计划,见表1-5。

表 1-5 债务资金筹措计划表

年　度	季　度	季度筹措资金(万元)
2019 年	7～9 月	129 996.38
	10～12 月	129 996.38
2020 年	1～3 月	43 984.64
	4～6 月	43 984.64
	7～9 月	48 094.12
合计		396 056.16

2)债务融资渠道分析

公司为项目设计了多渠道融资。吸收借鉴近年来运作的 PPP 项目的投融资经验,充分考虑太原地铁 2 号线一期工程(B 部分)PPP 项目投资资金需求量大和还本时间较长的特点,为了确保项目融资资金来源的充足和稳定,结合股东出资资本金情况,公司前期对贷款、票据融资、产业基金、融资租赁和信托贷款等方式,在充分考虑国家宏观政策调控、市场金融环境变化等因素可能带来的融资风险的前提下,构建全面、可靠的项目资金的保证措施体系。

(1)前期贷款、票据融资。若长期贷款无法及时到位影响项目建设进度,根据以往融资经验,在长期贷款到位前,可通过项目前期贷款方式,申请由商业银行或政策性银行提供不高于项目总投资约 20%额度的债务资金,能在一定程度上缓解项目建设资金不足的问题,并且保证整体控制结构和运行效果的最优化,保证项目按期开工、顺利推进,满足项目建设工期的要求。这类贷款项目整体运行结构中融资的数量级较大,且使用周期长,但是整体资金的成本较低,适合轨道交通类的大型基础设施建设项目;且此项贷款可在银行借款合同签订后,以长期贷款予以置换。在建设期间,还可以通过银行承兑汇票、工程项下应收账款保理、国内信用证议付等方式,针对项目建设上下游产业链,实施配套性融资,丰富项目债务性融资的层次、渠道、手段,满足各相关方需求,为项目提供灵活、快捷、低成本的流动性资金支持。

(2)产业基金。利用股东方均为大型央企,具备较强的风险承担能力,有实力与金融机构联合成立产业基金,为项目债务资金的筹措保驾护航。为应对市场投融资模式体系转变,在适宜的时机下公司可积极与金融机构对接,联合成立产业基金,筹集项目所需债务资金,满足项目债务融资需求。

(3)融资租赁。必要时还可以采用融资租赁的方式。融资租赁业务是以租赁物为载体的融资交易,是以租赁物为一定程度保障的债权融资交易。在租赁期内,租赁物的所有权属于出租人。融资租赁简便且时效性强,到期还本负担较轻。融资租赁可以根据企业的资金实力、销售季节性等具体情况,与租赁公司协调制定灵活的还款安排，例如延期支付，递增和递减支付等，承租人可根据企业情况付款。同时，轨道交通项目是公用基础设施项目，现金流量相对稳定，这对租赁来说增加了安全保障。此外，享受国家的税收优惠政策，具有节税功能。

(4)信托贷款。若项目有少量的资金需求，也可灵活考虑通过信托贷款融资。信托贷款是信托投资公司运用吸收的信托存款、部分自有资金和筹集的其他资金对审定的贷款对象和项目发放的贷款。信托贷款可以满足企业特殊的资金需求，且信托贷款的利率比较灵活，可以在一定范围内浮动，必要时可少量采用。

3)银行中长期项目贷款优势

(1)融资规模大。项目融资规模为 396 056.16 万元，除银行中长期项目贷款外，其他融资渠道的规模难以完全满足项目债务资金融资需求。

(2)融资期限长。采用银行中长期项目贷款，融资期限能够基本与项目融资的期限匹配。

(3)审批进度快。银行贷款融资手续简单、速度快，可及时满足项目开工建设时间要求，有力保障项目目标工期，其他融资渠道的融资手续较复杂、速度较慢，难以满足项目开工建设时间要求。

(4)方式灵活。公司与银行可直接商定信贷条件，而且在经济形势发生变化的情况下，如果需要变更贷款协议的有关条款，借贷双方可以采取灵活的方式，进行协商处理。

因此，从债务融资的经济性、可行性、及时性和便利性上来比选，综合考虑项目的预期收益性、资金时间需求、资金成本等因素，首选债务融资渠道为银行中长期项目贷款。

4)债务融资方案保障措施

(1)金融机构积极参与、项目融资审批难度低

目前国内各商业银行、非银行类金融机构均看好轨道交通、机场、高速公路等基础设施类项目，对此类项目保持高度的参与度，因此项目通过融资审批的概率极大；同时太原地铁 2 号线一期工程(B 部分)作为太原市重点基础设施建设项目，已列入财政部 PPP 项目库并列为省示范项目。项目本身的社会影响力大，政府重视程度高，手续齐备，有利于项目融资审批。针对项目运营时间长且收益稳定的特点，项目债务资金筹措采用长期银行贷款的模式，该模式为同类型项目的主流融资模式，易通过金融机构的审批。利用未来收益质押进行债务融资的模式已经十分成熟，相关的政策、法规较为完善，金融机构审批难度较低。

(2)联合体实力强

联合体均为大型央企，具有品牌优势，对项目的债务融资提供了强有力的支持。

联合体牵头人中铁电气化局在国内行业中具有较强的品牌优势和融资实力，

能够保证项目的顺利进行，降低项目建设风险。

联合体成员太原中车隶属于中国中车股份有限公司，承继中国轨道交通装备制造业的百年积淀，具备全球轨道交通行业领先的生产技术，拥有较强的品牌优势，具备足够的融资实力以提供资金保障。

联合体成员中铁建信自成立以来设立的基金数量在15个以上，通过产业基金共控股投资了18个基建类项目，其中包括9个PPP项目，涉及总投资约1 232亿元，在基建领域投资、募资、资产管理、项目投资等方面具有强大优势，有着丰富的项目资金周转及运作能力。

(3)资金计划严密

公司根据投标文件、工期筹划方案安排以及项目资金使用需求，按年、季和月分别编制资金使用计划。依据该计划进行融资安排，以保证融资到位时间，确保资金投入充足、及时，充分满足项目建设需求。

5)债务融资方案最终确定

经与国家开发银行山西省分行、中国工商银行太原市城建支行、中国建设银行太原市建设北路支行等多家银行进行融资谈判，最终选择方案最优的国家开发银行山西省分行作为融资贷款行，并于2019年11月29日与其正式签订“人民币中长期借款合同”，以项目PPP合同项下享有的权益和收益提供质押担保，向国家开发银行山西省分行融资39亿元人民币，采用等额本金还款方式，贷款期限25年(含宽限期3年)，截至初期运营前39亿贷款已全部提取完毕，其中2019年提款9.4亿元，2020年提款29.6亿元。通过上述融资措施，节约了融资成本，实现了融资收益，为项目顺利实施开了好头。

1.7.3 投资额的确定及调整原则

项目的投资额包括初始投资及维持运营投资。

1. 初始投资

1)初始投资的确定

初始投资包括工程费用、工程建设其他费、预备费和专项费用，概算总额641 709万元。

项目已于2019年2月28日递交投标文件，B部分初始总投资为609 317.16万元，预备费为4 882.29万元及铺地流动资金为1 440万元。不含预备费和铺底流动资金的投资以602 994.87万元报价(约降造4.48%)，其中工程费用422 803.95万元，工程建设其他费用43 983.50万元，专项费用共计136 207.42万元(其中车辆购置费121 043.11万元)。

(1)工程费：根据国家现行轨道交通定额及太原市取费标准编制初步设计概

算,约下浮4.48%。非乙方责任并经政府批准的工程变更引起的投资增加由甲方补偿。

(2)工程建设其他费:在概算基础上下浮约4.48%,以最终结算为准。

(3)预备费:计入初始总投资,项目建设期间征得甲方批准后乙方可使用预备费。

(4)专项费用:包括车辆购置费和建设期利息。其中,车辆购置费在概算基础上下浮约4.48%;建设期利息按贷款金额为基数,按资金占用时间、央行五年以上期贷款基金利率计算。

2)初始投资的调整原则

项目初始实际投资大于初始项目约定投资时,按项目初始约定投资补贴,多出部分由社会资本承担。项目初始实际投资小于项目初始约定投资时,仍按项目初始约定投资补贴。

2. 维持运营投资

在特许经营期间,为了维持项目运营,对设备设施进行更新重置,对车辆进行增购,对于车辆的大架修费用(投资)进行投入。

维持运营投资包括两个部分,一是对现有设备资产的更新重置、车辆大架修等维持运营投资,二是必要增购车辆的追加投资。在合作经营期内合计维持运营总投资为582 522万元(不含使用年限为25年的轨道、供电以及给排水和消防系统更新投资)。运营期间项目公司就更新改造、车辆大架修和增购车辆投资报PPP实施机构审核,按实际费用结算,由项目公司负责及时投入资金及组织实施。

1.7.4 投融资资金需求、到位及使用计划

1. 基本原则

为满足项目建设资金投入计划和需求,公司根据项目建设施工进度计划,结合招标文件、PPP合同等文件的相关约定,合理安排资金需求、到位和使用计划,基本原则如下:

1)成立资金需求计划编制工作小组

公司组建后,成立由财务管理部牵头,商务合约部、生产技术部、运营事业部等部门参与的资金需求计划编制工作小组,负责编制、定期调整资金需求计划。

2)合理编制资金筹措和使用计划

结合项目整体情况,编制各年份的年度、季度、月度资金筹措和使用计划,其中项目资本金部分,提前报送各股东方,以便各股东方履行审批程序;项目债务资金部分,提前报送贷款行,以便于贷款银行列入其各年、季、月的放款额度和计划中。

3)统筹安排资金筹措和使用计划

根据开工日期、通车试运行日期等重要项目时间节点,结合资金到位要求,合

理安排资金的筹措与使用计划。

4)严格执行资金筹措和使用计划

当期资金筹措计划、资金使用计划一经制定和审批,公司将严格执行计划,保证计划实施的刚性、有效性,督促相关部门不断提高资金计划实施水平,发挥资金管理过程对项目的价值创造功能。

5)动态调整资金筹措和使用计划

在项目建设实施过程中,结合项目施工组织设计方案及实际工程进度对上述资金筹措和使用计划进行适时地优化和调整,使计划更为科学合理,更好的节约资金成本。

2. 资金需求计划

公司按照不含预备费和铺底流动资金的概算投资额,结合项目建设方案,按照施工进度详细安排并考虑同类企业工程结算惯例,以 2019 年 7 月开始实质性投资计算,项目建设期为 2019 年 7 月～2020 年 12 月,依据资本金和银行贷款资金到位计划,据此编制项目资金需求计划表,以此作为公司向各股东提示出资和向贷款行报备的依据,见表 1-6。

表 1-6 项目资金需求计划 (单位:万元)

年份	年度资金需求总额	月　度	资金需求计划
2019	424 998.72	7	58 783.06
		8	64 661.36
		9	68 984.57
		10	76 417.97
		11	119 668.90
		12	36 482.86
2020	177 996.15	1	46 565.48
		2	14 695.76
		3	14 695.76
		4	15 749.74
		5	17 634.92
		6	17 634.92
		7	27 506.35
		8	11 756.61
		9	11 756.61
合计	602 994.87	—	602 994.87

3. 资金到位计划

根据资金需求计划，结合项目资本金出资计划和融资资金筹集方案，编制项目资金到位计划表，加强与贷款行沟通，对重点资金和大额资金提前报备，以确保资金投入充足、及时、可行，充分满足项目建设需求。

4. 资金使用计划

按照《公司资金管理办法》规定要求，结合资金需求及到位计划、年度预算，公司各部门编制资金使用计划，编制完成后由财务管理部统一汇总。同时加强对合同资金支付的管理，严格按照《公司资金管理办法》规定执行。

5. 债务偿还计划

根据借款合同约定，结合项目经营测算、年度资金筹措计划及使用计划公司，编制债务偿还计划。项目银行贷款期限为25年(2019年11月～2044年10月)，其中，宽限期3年仅付息，还本付息期为22年(2022年11月～2044年10月)。

1.7.5 项目投融资资金管理方案

1. 专用账户监管方案

1)专用账户管理原则

资金采取“单独管理、规范运作、专款专用、独立核算”的管理原则。为保障项目顺利实施，有效控制项目资金的使用，公司设立专用资金账户，并建立严格的资金管理制度和流程进行资金监管，确保资金专款专用，满足项目建设资金需要和项目监管需要。

2)专用账户管理内容

明确专用账户的管理，包括银行印鉴的管理、专用账户用途的约定、项目投资资金管理程序、各方权利义务、账户内资金拨付方式、到账通知、大额资金出账电话通知等内容，以便更好地掌握资金到位和拨付情况。

3)专用账户资金的监管

该专用账户的用途仅限于注入项目所需建设资金的拨付，所投入公司的资本金和公司银行贷款资金均投入该专用账户，并通过该账户进行项目资金的拨付。注入专用账户内的资金不得以任何名义、理由挪作他用。

2. 资金核算管理方案

1)制定《公司资金管理办法》

为规范公司资金使用、保障资金安全、控制财务风险、合理利用资金、优化资金结构、加速资金周转、提高资金的使用效益，根据《人民币银行结算账户管理办法》《支付结算办法》等规定，结合公司实际制定《公司资金管理办法》。

2)加强对公司财务人员的配备

按照有关规定在公司设立独立的财务部门，并按照岗位职责要求和不相容职务相分离的原则配备公司财务人员，设置会计核算室主任、会计核算岗、出纳岗。同时明确财务人员的岗位职责和要求，提高财务人员履职能力，确保其按会计制度要求对公司各项业务进行严格、规范的财务核算。

3)保证资金核算的及时性与规范性

公司严格按照《中华人民共和国会计法》《企业会计准则》等相关规定对公司的经济活动进行会计核算，夯实会计基础工作，保证财务信息的及时、规范。按要求对项目资产和经营收支进行单独核算，并出具相关报告。按照税法相关规定及时、足额缴纳税金。

4)建立公司的审计监督制度

公司建立财务信息的审计监督机制。按照会计准则要求出具年度财务报告，并按照PPP合同约定、母公司合并财务报表要求由控股公司聘请在中国注册的会计师对公司的年度财务报表以及相关财务资料进行审计并出具审计报告。

5)妥善做好财务资料的保管

公司建立财务档案管理制度，规范公司财务资料的日常管理，从立卷、归档、保管、借阅等方面做出明确规定，避免公司在建设和运营期间发生财务档案毁损或遗失等问题。公司须每年按归档要求，将会计凭证、账簿、会计报表及其他财务资料装订成册，并形成财务资料归档清单。

3. 资金控制管理方案

1)建立公司资金管理制度

为加强公司的资金管理，公司发布《公司资金管理办法》和《公司全面预算管理办法》，统筹考虑制定资金收支计划，合理安排资金使用。

建设期内，公司加强资金调配，对项目资金进行计划管理，严格按照投融资计划和施工进度综合统筹协调，确保公司自有资金足额、准时到位以及公司后续融资的顺利实施。公司每月依据施工合同按照工程进度定期开展资金预测，对上月资金计划的执行情况进行分析，并根据实际情况及时进行纠偏和调整，在此基础上编制当月资金计划。

运营期内，公司编制资金收支计划，根据PPP合同及附件等及时计算收取各年度政府支付的可行性缺口补助金额，并结合资金来源，对运营管理成本进行预算控制，同时公司根据与银行签订的融资还款计划，合理调配资金，确保及时还款。根据公司更新改造计划，提前制定更新改造资金融资方案，落实是否需要追加投资及其资金来源。

2)建立资金审批制度,健全资金审批程序

公司建立资金支付和使用的审批制度,健全资金审批手续。项目建设期内,所有工程建设资金支付应依据经监理确认的计量支付单,履行资金审批程序后进行拨付。对无有效合同、无合法凭证、无合规手续的款项不予支付。对于大宗材料采购、固定资产采购等款项的支付严格按照合同约定,履行相关的资金支付手续。公司定期对资金收支情况进行监督、检查,确保资金流向符合国家财务相关法律、法规要求,坚决杜绝套现,杜绝资金流向不清,杜绝截留、挤占、挪用工程款及收取假发票充账等违法违规行为。

3)加强资金管理内部控制

公司完善资金管理制度,加强内部控制,规避资金管理风险。严格按照银行《支付结算办法》的规定使用银行账户,建立关于保管及使用印章的相关制度及办法。设立专人保管公章、合同章及银行预留印鉴等,明确印章使用的审批流程。

严格按照国家《现金管理暂行条例》的有关规定,加强公司现金管理,严格控制车站备用金金额,严格控制和审核现金付款业务。不属于现金开支范围或超过现金开支限额的业务,均通过银行办理转账结算。

加强合同管理,避免合同漏洞,降低合同违约风险。对于大宗材料采购、固定资产采购等均签订正式合同,签订的合同按照程序进行审批并及时登记台账。严格执行国家的相关政策法规和发票相关规定,外部发票须通过网络或其他途径进行验证,严禁假发票入账,确保资金流向与合同单位、开票单位相符。资金支付的原始凭证须合法、真实、有效、完整,不符合相关制度规定的原始凭证,不得作为财务支付凭据。

4. 资金应急措施及预案

项目实施过程中,若发生公司融资资金未按时足额到位、项目实施进度计划重大调整、项目投资金额大幅增加等紧急状况时,采取针对性的资金应急措施保障资金供应,由财务管理部等相关部门负责具体应急工作,确保项目资金满足项目建设进度的需要,保障项目建设的顺利实施。

(1)若发生公司融资资金未按时足额到位时,先行使用自有资金调节,自有资金不足时,及时启用在各主要银行的授信,以满足当期的资金需求。

(2)若发生项目实施进度计划重大调整时,适时调整资金到位计划,以满足项目建设资金的需求。

(3)若发生项目投资金额大幅增加时,积极与政府方、各股东方、贷款行协商,依法完善相关程序,及时制定解决方案。

(4)必要时,及时加大各股东成员资金投入或采用备选的多渠道融资模式,通过运用结算工具、协调上下游企业、开展保理业务、融资租赁等方式积极筹措建设资金。

1.7.6 项目投融资存在风险及应对

1. 资本金出资到位时间不确定性风险及应对措施

风险分析：作为公司的股东，其自身利益与项目利益相关程度最高。公司在建设期可能会出现由于出资审批流程等原因造成的资本金不及时到位的风险。

应对措施：项目中标后，均被列为各股东单位的重点投资项目。公司成立后第一时间，按照公司章程约定发函提示各股东出资，以便各股东有充裕的时间履行审批程序。若股东不能按时出资，将通过发送催缴函提醒股东及时出资。同时根据中铁建信基金的出资特殊性，为该股东资本金的早日到位，公司积极配合中铁建信基金联系太原市财政局、项目实施机构等单位进行尽职调查，及时收集、汇总、报送基金审批所需资料，克服不利因素，最终使出资足额到位。

2. 投资超支风险及应对措施

投资超支风险是众多地铁建设风险中的核心风险，是指地铁建设成本超过工程一开始的预期或是在项目开始时的项目论证合理成本所产生的风险。地铁成本超支，预示着地铁建设不能按照原定计划进行，不能产生足够的现金流来偿还债务和其他支出。建设期项目投资的管理是项目公司建设期所有工作的核心，建设期所有工作都是围绕此项工作展开进行，为此在进行 PPP 项目建设期管理时一定要重视投资管理工作，重点从以下几个方面进行管理：

(1)依据 PPP 合同、招投标文件等规定对项目概算进行全面梳理，对各分项投资包含内容、金额做到充分的理解和熟悉。

(2)根据投资概算各分项内容结合公司部门、各中心职责，将各分项投资明确归口部门，归口部门做好归口投资支出管理工作。

(3)归口部门要认真对自己归口投资进行理解和分析，结合项目实际分析与概算差异，分析差异原因，采取适当管理措施。

(4)对于各项建设投资要根据项目建设进度定期进行测算和分析，不断更新预测各分项投资概算金额，做好建设投资过程管控工作。

(5)招标采购部门在招标采购时依据概算中规定内容、金额进行审核，对不符内容或超概算金额的采购项目要及时发出预警。

(6)按照概算项目对工程费、建管费、运营筹备费等会计科目进行设置，建立财务与概算的映射关系，确保财务数据与概算的匹配性，对投资支出过快项目及时发出预警。

3. 融资风险及防范措施

项目融资是城市轨道交通 PPP 项目建设能否正常进展的关键环节，项目融资意义大、风险大，存在金融环境风险、法律风险、政治风险、项目本身风险以及管理方面的风险。为加强对债务融资的统筹管理,控制融资风险,降低融资成本,提高资金的使用效益,保证建设运营所需资金,融资决策及流程应从以下步骤进行筹划:

(1)关注宏观金融环境和国家各项金融政策,合理分析预测利率变化趋势,优化融资本金的还款方案,合理降低融资成本。

(2)制定融资方案,具体内容包括但不限于:融资额度、融资方式、融资成本、金融机构、融资期限等。

(3)与金融机构进行融资谈判,在谈判中向各家有意向的金融机构提供项目贷款审批资料,引入市场化竞争机制,从而选取条件最优者。

(4)签订融资合同,对各家金融机构的条件进行对比,最终选择条件最优的金融机构,签订借款合同,对借款合同进行认真研读,对贷款资金可能出现的风险进行认真分析,仔细研判,做到风险最低。

(5)在合同中约定对融资资金的提取方式、支付时间,与金融机构沟通,使得各类建设资金能够及时支付,保障工程建设对资金的需求。

4. 股本持有人无法回收预期投资的风险及应对措施

风险分析:项目合作期长达28年,在项目实施过程中,由于建设、运营成本超支,补贴收入不足,非票务净收益不足等原因均会导致股东投入的资本金亏损,股东面临项目结束时无法收回初始投资、追加投资的风险。

应对措施:公司在项目合作期内对项目进行全方面管控,确保投入资金安全、高效的使用与回收,顺利完成项目投资。

(1)建设期成本控制方面:加强现场施工管理,严格控制材料代用、现场签证、额外用工及各种预算外费用。建立工程成本动态表,设定计划成本目标值及实际成本值,将工程实施期间各种费用列入此表,随时掌握工程造价的增减额度、成本控制的情况,杜绝因建设成本超支导致的投资资金亏损。

(2)运营期收入保障方面:公司进入运营后,在客运服务方面,依托专业运营咨询单位的运营经验,严格按照绩效考核的要求开展行车组织、客运组织、票务组织等工作,保障客运收入的持续稳定;在非客运服务方面配备专业市场营销人员,拓展商业运营能力,对业务板块内的商业运营资源运作模式进行科学划分,争取非客运净收益的最大化;为太原市轨道交通带来安全可靠、科学环保、沟通顺畅、高效节能的运营管理,为太原市民带来安全、快捷、舒适的轨道交通乘坐体验,最终确保公司稳定的现金流入。

(3)运营期成本控制方面:公司进入运营后组建了由财务管理、生产技术、安全监察、运营事业等各部门组成的运营成本控制小组,定期召开经济分析会对运营过程中的各项成本变动进行监测,将实际成本与预测成本进行对比,找出成本降低或超支的因素，及时解决成本超支的问题并优化各项成本支出，以合理化、动态化的经营管理方式，严格把控成本支出，以降低运营过程成可能出现的成本超支的风险。

(4)资金管理方面：严格执行内部资金管理制度，保障资金安全；按照 PPP 合同约定，接受政府方的监督；建立健全内部审计和监察制度，将定期监督与不定期监督相结合，实现全程监控、全程管理、整体把握。

5. 债务资金到位时间不确定性风险及应对措施

风险分析：金融机构对 PPP 融资的态度、对增信措施的要求，评审部门对项目合规性的理解以及各金融机构的审批流程都对项目债务资金是否能及时、足额到位造成一定风险。

应对措施：公司配备专业的投融资人员，负责与贷款银行的沟通，定期、不定期地向贷款银行报告项目进展情况、资金使用情况，让银行及时了解公司的财务信息和经营状况。同时，公司主动接受银行的监管，发挥银行在政策咨询、信息传递、资信评估等方面的优势，通过银行的参与，使公司的决策和运营更科学、严谨、准确。公司在成立后将及时与银行谈判，确定贷款金额、贷款时间等，签署贷款合同，确保项目贷款与资本金的配套到位。

6. 债务资金监督风险及应对措施

风险分析：根据 PPP 合同约定以及公司债务融资方案，为保证其贷款能够顺利收回，银行会对 PPP 项目的资金使用情况进行监督和审核，客观上有利于双方合作预期目标的实现，但银行资金监督体系复杂，若无切实有效的沟通机制导致银行无法达到既定监督目标、支付审核审批流程缓慢，公司可能面临资金管理成本增加、债务资金的提取和使用不畅等不利情况。

应对措施：公司成立后与贷款银行建立切实有效的沟通机制，确保沟通畅通无阻并设立专用账户管理和使用资金，积极响应在借款合同中约定未用资金和待付资金存放于专用账户保管。按照债权人要求提报资金支付监督资料，做好各项支付动态管理台账。公司严格执行内部资金管理制度，保障资金安全；按照借款合同约定，接受债权人的监督并配合政府方做好对项目的资金监管。

7. 还款风险及应对措施

风险分析：根据借款合同约定在债务融资还款期内，公司按时付息，每半年偿还一次本金。轨道交通行业属于准经营性行业，正常运营中的客运收入及非客运收入很难完全覆盖项目债务融资所需偿还的利息和本金，需要靠政府支付的可行性缺口补贴偿还，若政府支付可行性缺口补贴的时间与公司偿还金融机构本金的时间不匹配，则有可能发生公司无法及时偿还贷款的风险。

应对措施：在与贷款银行签借款合同还款计划时，使其还款时间尽量与补贴支付的时间匹配。同时,在运营期内制定详细的财务资金计划,根据借款合同中的还款计划安排还款资金。若发现还款资金有缺口,及时汇报各股东方及政府方,通过与政府方协商解决还款资金缺口问题。

8. 政策及不可抗力风险

风险分析:政策风险来自国家及地方政策调整的不确定性。PPP 项目生命周期较长,在此期间,客观经济及社会环境变化等都会给项目带来风险。同时在项目建设过程中,会存在无法预见、无法避免且无法克服的客观情况或即使可以预见但是不能避免及克服的情况发生,也就是不可抗力所造成的风险。

应对措施:首先,若发生国家政策调整对项目建设运营产生影响,将尽一切努力防止和减轻事件造成的影响,并采取所有可行的补救措施对该等事件造成的影响进行补救;其次,若太原市人民政府或管辖区政府作出的政策调整对项目建设运营产生影响,公司将积极与政府进行协调,给出最优解决方案。再次,公司将通过制定不可抗力事件应对方案及应急预案、购买保险等措施尽可能减少不可抗力的影响。最后,一旦不可抗力事件发生,公司将积极制定并实施补救计划及寻找合理的替代措施以减低不可抗力带来的风险和损失。

9. 融资方介入风险

风险分析:在项目实施过程中,项目公司可能以项目资产或其他权益、社会投资人以其所持有的与项目相关的权利为担保向融资方申请融资,融资方在主张其担保债权时可能会导致项目相关资产和权益的权属变更。

由于项目的提前终止可能会对融资方债权的实现造成严重影响,因此融资方通常希望在发生项目公司违约事件且项目公司无法在约定期限内补救时,可以自行或委托第三方在项目提前终止前对项目进行补救。为了保障融资方的该项权利,融资方通常会要求在 PPP 项目合同中或者通过政府、项目公司与融资方签订的直接介入协议对融资方的介入权予以明确约定。由于 PPP 项目融资合同的签署不仅仅涉及金融机构及项目公司主体利益,更会涉及公共利益,所以在 PPP 项目合同及融资合同履行的过程中,应当充分考虑融资方的主债权和担保债权,以及政府方能否接受融资方行使主债权或担保债权可能导致的法律后果。

应对措施:项目公司主动与政府方和融资方沟通协商,达成三方都能够接受的方案并在 PPP 项目合同中做出明确约定。挑选实力较强的金融机构作为银团的牵头方,并要求其总行提供担保;在融资协议中明确约定融资方的违约责任以及项目公司能够采用的应对措施,准备应急的融资方案和措施备用。在项目营运阶段,设置合理的定价和调价机制,提升营运效益;合理利用资源开展多种经营,增加现金流。

10. 经营收入和政府补贴风险及防范措施

城市轨道交通PPP项目的收益通常包括使用者付费和政府可行性缺口补贴两部分,可能会出现因客流量不足导致票价收费不足的风险,车站广告、通信、商贸资源开发收入不足风险以及存在既有政府能否有足够的资金对项目公司的运营进行补贴的风险。

所以,太原市人民政府相关主管部门和沿线区政府应根据各自职责,针对项目涉及的价格、财政、市政市容管理、建设房管、税收、环境保护等管理和审批事项,为项目公司提供相应的支持和保障。如果在实际执行过程中受到政策性因素影响,可进行适当调整,通过合作协议补充条款具体明确。在合作协议的实际执行过程中,太原市人民政府和项目公司建立定期的协商和评价制度,在公平合理、友好协商的基础上,解决协议实际执行中遇到的问题。

1.8 投资管理经验与总结

(1)项目选择上,在筛选和发起项目时应综合评估项目建设的必要性及合规性、PPP模式的适用性、财政承受能力等因素,确保PPP项目"物有所值"。经营性项目应具有明确的收费机制,长期看可形成稳定的投资回报,确保合理的投资回报率。

(2)在伙伴选择上,应充分理解PPP模式"强调市场机制、促进资源优化配置"的内涵。社会资本方应选择与履约意愿和履约能力较强的政府方进行合作。与一般的商业合作不同,由于PPP项目大多建设运营周期长,在项目运作期间政府和商人之间的协商、谈判、调整等都属于长期关系,这就要求项目各方建立一种全过程、全周期的伙伴式关系。

(3)在合同订立方面,双方均需重视通过合同正确表达意愿、合理分配风险、妥善履行义务、有效主张权利。合同内容要在风险分担和利益分配方面兼顾公平与效率,同时要预留调整和变更空间。经营性项目的合同应重点关注收费机制、项目唯一性等方面违约的补偿机制,社会资本方应重点关注特许经营期限、收费机制变更的补偿机制、项目唯一性等条款以保障项目收益。经营性PPP项目具有较强的市场化运作特征,但其依赖市场化运作实现投资回报的前提往往是政府政策支持,包括特许经营期限、收费机制、项目唯一性等,社会资本方需在合同订立中做出约定,并就违约补偿与政府方达成共识,以保障项目盈利。

(4)在合同履行方面,政府方和社会资本方均应遵循契约精神。值得关注的是,应避免单方面拒绝履行合同、变更合同条款等引致的履诺风险。

(5)在PPP模式中,政府核心的价值追求是为大众提供最优质的公共设施和服务,双方均应从保护和促进公共利益的立场出发。政府方负责项目的总体策划,组织招标,理顺各参与机构之间的权限和关系,降低项目总体风险,同时兼顾企业伙伴利益,一方面,应正视合作企业利益诉求,给予合作企业一定的盈利空间,着力保持项目回报率与吸引力,对于难以收回成本的 PPP 项目,可在允许范围内采取捆绑优势项目或配备资源的方式,达到"以丰补歉"的效果;另一方面,兼顾投资的公益性,适当控制整体回报率。

2 全自动运行公司管理

2.1 公司概况

1. 公司简介及组织架构

太原中铁轨道交通建设运营有限公司(以下简称“太原中铁轨道公司”),成立于2019年7月16日,由中铁电气化局、中铁建信、太原轨道公司、太原中车四家单位出资成立。

公司建立了以党委会、股东会、监事会、董事会、经营层“四会一层”为基础的现代企业法人治理结构,具体组织架构如图2-1所示。

公司坚持“双向进入、交叉任职”领导体制,制定了公司“三重一大”决策制度、党委会议事规则、党委会研究讨论企业重大经营管理事项实施细则,明确决策事项清单,明确党委在决策、执行、监督各环节的权责和工作方式。

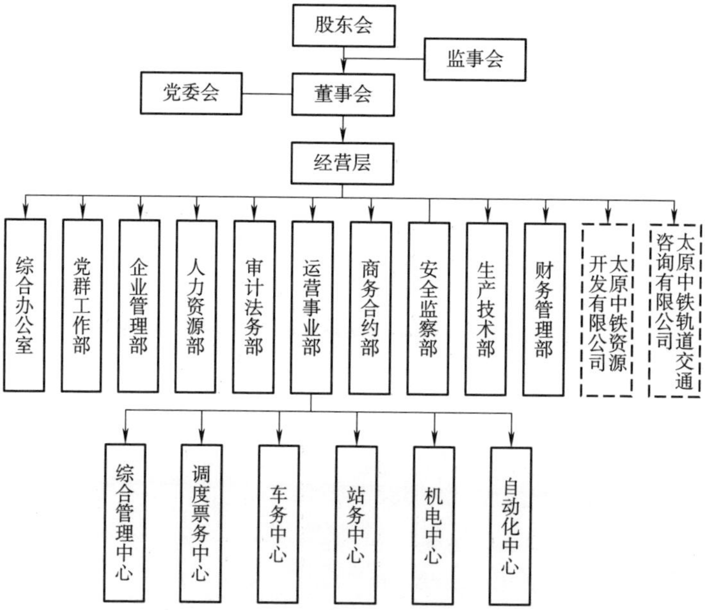

图2-1 太原中铁轨道公司组织架构图

2. 制度建设

1)公司注册初期规章制度运行

为有效开展太原中铁轨道公司经营生产工作，在不违反国家、地方法律、法规及行业标准的前提下，经董事会会议通过，先行参照控股股东中铁电气化局有关管理制度开展项目公司经营生产管理工作。

2)公司规章建设期制度体系

根据公司建设管理和运营筹备需要，制定《太原中铁轨道交通建设运营有限公司规章制度体系 1.0 版建设工作方案》，对各部门的规章制度编制计划及责任落实进行明确，于 2019 年 10 月 31 日完成 130 个规章制度的发布。

3)公司规章运营期制度体系

根据公司运营管理需要，对规章体系进行合理的规划，以管理制度、技术标准、工作标准为大类，再从党群管理、财务管理、安全管理、行车组织、客运服务、设备操作、维护维修等维度逐层细化，统一格式，明确要求，限定时间，经专家评审会、党委会、总经理办公会审议，于试运行前完成 363 个运营期管理制度的发布，形成太原中铁轨道公司规章制度 1.1 版。

3. 战略管理

公司制定《发展战略管理制度》《战略合作管理制度》管理制度，并制定三步走的发展战略：第一步，用三年时间，迅速成为一个运行安全高效、管理规范有序、服务周到温馨的地铁运营商；第二步，用五年时间，尽快成长为行业内管理有特色、业务有创新、发展有突破的品牌服务商；第三步：用十年左右时间，努力成长为运营品牌响亮、业务链条科学、企业发展坚实的标杆企业。在公司由建设期转入运营期的重要时刻，启动了公司发展战略规划编制工作，制定公司《发展战略规划编制实施方案》和《发展战略规划大纲》，明确编制的内容、人员、分工、节点及要求，并按节点稳步推进。为公司成为行业内集投资、建设、运营、维护四位一体的品牌服务奠定坚实的基础。

4. 企业文化

1)“134＋3”核心理念体系

通过对内外部情况的分析研判，为进一步巩固优势、乘势而上，开好头、起好步，向更高质量扎实迈进，公司经研究确定了“134＋3 ”为核心的企业文化理念体系。

“1”指一个使命。提供绿色智能轨道交通产品和服务，为品质生活提速。作为太原市乃至山西省城市轨道交通建设运营的领跑者，始终不忘肩负的使命与责任，不断增强企业核心优势，发挥龙头企业示范带动作用，以自己的产品、自己的努力，提升速度，丰富生活，优化人们的出行方式，让时间在空间的尺度中更加收放自如，让绿色、智能、便捷的生活变得触手可及。

“3”指三个目标。一是建设精品工程:在确保地铁2号线一期工程全线获得山西省优质工程“汾水杯”奖基础上,争创国家优质工程。二是树立合作典范:公司秉承“诚信合作、共赢未来”的理念,同太原市本地企业、轨道交通行业单位、股东单位、兄弟单位的共同发展,互利共赢创佳绩,携手共进谱新篇。三是营造幸福地铁:公司不断地创新与探索,拓展生活半径,拓宽发展空间,提高生活品质,提升幸福指数,让市民在静谧与繁华之间快速切换,开启幸福地铁新生活。

“4”指四项运营原则。以人为本,安全可靠,便捷高效,经济舒适。

“+3”指三年提升计划。一年打基础:一年时间夯实基础,做好、做精运营业务,完善运营期组织架构和规章制度体系,强化基础管理工作,检验并优化业务流程,加大岗位培训力度,加快人才培养,统筹提升运营管理水平。两年有成效:两年时间提质增效,构建安全第一、运营为主、多元发展的经营大格局。依托地铁2号线全自动运行线路,打造一支行业内叫得响的太原中铁全自动运行多职能队伍;同时向运营产业链上下游拓展及相关高价值业态进行延展、布局,积极在教育培训、咨询服务、生活消费等领域发力。三年见成果:三年时间站上新台阶,围绕智能化、数字化、智慧化,大力应用新技术成果并与轨道交通产业链深度融合,提升资产资源利用率和市场开拓能力。

2)品牌形象建设

公司从品牌战略出发,结合业务板块广泛调研,深度挖掘文化内涵,通过元素融合开发出大气稳重、品牌感强的Logo和活泼形象的地铁吉祥物。充分利用各级领导前来考察调研机遇,在充分交流的同时,展示公司专业化运营硬实力和多元化发展新能力,做好“太原中铁”品牌的宣传,实现资源共赢,树立企业品牌形象。倡导“精细求精、止于至善”的文化理念,实施文化兴企战略,树立企业文化的灵魂地位,把企业文化的“文化力量”转变为“生产力量”,用文化引领企业发展,打造企业品牌形象。

太原中铁轨道公司简称“太原中铁”是品牌固有资产,也是强化品牌识别认知重要的一部分;如图2-2所示,“C”是China中国的首字母,“T”是太原Taiyuan的首字母。将它们进行艺术设计巧妙融合在标志中增强识别点,象征太原中铁提供绿色智能轨道交通产品和服务为品质生活提速的使命,为城市轨道交通PPP项目树立标杆,向太原市广大市民提供优质绿色的轨道交通服务。

标志整体简洁、时尚,彰显品牌年轻化与国际化,同时体现了太原中铁贯穿太原城市,建设精品工程、树立合作典范营造幸福地铁的目标。

吉祥物是品牌形象标识之一,是品牌的形象大使,具有传播推广的作用,同时还具备市场开发的功能。

太原中铁
TAIYUAN CHINA RAILWAY

图 2-2 太原中铁轨道公司 Logo

吉祥物的设计既要把企业形象特色和人文特征展示出来，又要符合大众的审美要求，能广泛适用于文创产品、视频宣传、景观塑造等立体化展示。吉祥物在公共服务企业形象宣传中，起到了重要的元素整合和调剂作用，可以拉近企业与市民的距离。

太原地铁 2 号线吉祥物“兴兴”，是以中国的传统瑞兽狮子作为设计原型，如图 2-3 所示。在中国传统文化中狮子通常被视为智慧、英勇的化身，有吉祥、繁荣、生生不息的寓意。在自然界中，狮子被称为百兽之王，是尊贵和力量的象征。它承载着一种坚毅的力量。狮子的尊贵、力量、坚毅的特质十分符合太原中铁轨道公司背后的强大实力。

图 2-3 太原中铁轨道公司吉祥物——狮子兴兴

“兴兴”的头部是一个“山”字造型，与山字连接的鼻梁即比喻由北向南流经的汾河，又象征了通达的交通环境，体现出太原市三面环山汾河经流的自然地理特征，传达出太原市自古就有的锦绣太原城的美誉之意。作为太原地铁 2 号线的一员，兴兴承载着对广大市民绿色智能安全出行的承诺，同时也祝福着太原轨道交通建设愈加的丰满、繁荣。

2.2 财务管理

1. 财务制度管理

根据《中华人民共和国会计法》《企业会计准则》的要求，为完善财务管理制度体系，规范太原中铁轨道公司的财务行为，加强公司的财务管理和会计核算工作。财务管理部编制并发布《太原中铁轨道交通建设运营有限公司财务管理规定》《太原中铁轨道交通建设运营有限公司全面预算管理规定》《太原中铁轨道交通建设运营有限公司融资管理规定》《太原中铁轨道交通建设运营有限公司车站与银行打包返纳管理规定》《太原中铁轨道交通建设运营有限公司工程竣工决算管理办法》等 10 项财务管理制度，并适时对制度进行修订，使各项财务制度更加适合公司管理的需要，不断提高公司的财务管理及会计核算水平。

2. 财务会计核算管理

(1)通过信息化手段推动会计核算工作。通过公开招标，选择专用财务＋人资管理软件，满足公司会计核算、工资核算、资产管理等方面的需求，推行科目设置标准化、会计核算标准化、财务流程标准化、财务表单统一化，规范会计核算标准；提升会计核算水平，提高会计核算工作效率。

(2)促进信息共享、提高办公效率。通过与人力资源部信息共享，工资核算是自动获取公司员工工资基本信息，极大提高工作效率，防范人工传递时的各种弊端；自动化生成会计账簿、会计报表等资料，减少财务人员的劳动强度，满足公司高质量发展的要求。

(3)满足控股股东财务管理要求。会计科目设置和运用依据《企业会计准则》《中国中铁会计核算手册》的规定，科目设置充分考虑控股股东报表管理需要，满足控股股东财务管理要求。

(4)满足公司投资管理的需要。根据项目投资概算，充分考虑概算细目及资产核算管理的需求。对会计核算模块细化分解，做好与概算数据衔接等工作，提供合法、真实、准确、完整的会计信息，并满足概算比对的要求。

(5)确定 PPP 项目的资产核算模式，通过对 PPP 合同、投标文件的研究分析，结合《企业会计准则》《中国中铁会计核算手册》，确定项目的资产核算模式为混合资产核算模式，即金融资产＋无形资产；并对金融资产和无形资产的比例进行确定，混合资产比例已得到控股股东的认可。

3. 预算管理

(1) 根据《太原中铁轨道交通建设运营有限公司全面预算管理规定》，公司成立预算管理委员会，作为全面预算管理的领导机构，预算管理委员会主任由公司主要负责人担任，副主任由公司财务总监以及分管有关业务的副总经理担任。预算管理委员会下设预算管理办公室，作为全面预算管理日常工作机构，预算办公室设在财务管理部，主任由财务管理部部长担任、副主任由企业管理部部长担任，成员包括各部门、各中心负责人。

(2)公司全面预算内容包括业务预算、资本预算和财务预算。编制预算要包括不同层级、覆盖所有业态、涵盖预算管理全部流程、划分不同期间、充分体现从业务预算到财务预算的全部内容。公司业务涵盖 PPP 业务、广告、轨道交通运营管理等业态，考虑业务特点，在通用管理模式的基础上，建立符合 PPP 业务的预算管理体系。

(3)预算编制按照“分级编制、逐级汇总”进行，采取“二上二下”的方式编制和确定全面预算。公司预算管理办公室根据 PPP 合同的要求、年度预算编制指导原则和预算编制具体时间要求，向各部门下发预算编制通知、全面预算表单格式及编报要求，启动预算编制流程；各预算执行部门根据公司下达的预算报表格式和编报要求，编制初步预算方案，于规定日期前报送公司预算管理办公室。预算管理办公室组织相关职能部门分别根据其业务职责归口审核，并将初步预算审核意见反馈给各执行部门；审核后的初步预算方案经总经理办公会审议后，报董事会、股东会审核批准；公司预算管理办公室根据股东会批复的预算，拟定全面预算分解方案，经总经理办公会批准后下达到各责任部门。

(4)预算控制实行事前、事中和事后控制相结合的方式。预算内事项依照公司规定的权限进行审批控制。预算外事项或业务的实施必须经过相应的授权程序，涉及预算调整的必须遵循预算调整审批程序，否则不得办理资金支付。

(5)预算考核是全面预算管理工作顺利开展的重要保障，预算管理情况纳入年度绩效考核范围。预算考核的对象为各责任主体，考核指标统一纳入公司绩效考核办法。

4. 资金管理

资金管理包括资金计划、资金来源、资金使用、资金监管等。公司遵循统筹安排、合理使用、提高效益的原则，保证资金需要。为此采取了以下措施：

(1)根据《人民币银行结算账户管理办法》《支付结算办法》《现金管理暂行条例》《现金管理暂行条例实施细则》《企业银行结算账户管理办法》，结合公司实际制定《太原中铁轨道交通建设运营有限公司资金管理办法》。

(2)各部门、各中心根据年度预算,编制资金使用计划。编制完成后由财务管理部统一汇总,加强对合同资金支付的管理,严格按照公司资金管理办法规定执行。

(3)定期和不定期地对总分包单位建设资金进行检查,保证工程建设资金专款专用;要求总分包单位开立农民工工资专户,对工程款实行分账拨付,履行资金监管责任,切实保障农民工的利益;配合安全监察部对总分包单位农民工工资进行检查。

(4)通过加强资金管理及限期支付的措施,在保证资金正常支付的前提下,有效推迟贷款的提款时间,节约资金成本和项目投资,增加股东收益。

(5)对公司所有财务账户均给公司主要领导开通手机短信功能;U 盾管理执行不相容岗位分开管理制度,保障公司资金安全。

5. 税务管理

税务管理在财务管理中有着重要的作用,公司按照国家相关税收法律法规及公司所在地的各项税收政策,对涉税事项进行梳理汇总,做好税收筹划工作,主要内容如下:

(1)为规范公司税务管理工作,依法诚信纳税,防范税务风险,结合公司的实际情况制定《太原中铁轨道交通建设运营有限公司税务管理办法》。

(2)公司财务管理部设置税务管理岗位,在财务负责人领导下执行有关涉税工作。

(3)按照法律、法规的要求,在规定的期限内,及时、足额计提并缴纳各项税款。如涉及审批(备案)的,按照主管税务机关的要求办理有关审批(备案)手续。

(4)加强发票管理工作,及时为公司各项业务开具对应的发票,并根据初期运营的发票需求,及时领取定额发票配送至各个车站,满足初期运营需求,并适时启动公司冠名发票印制的前期工作。

(5)努力维护员工权益,保障职工利益。给新入职员工讲解宣贯个人所得税政策,协助员工完成个人所得税专项扣除申报及就职单位切换,落实国家减税政策,与人力资源部就年终绩效进行个税筹划。

(6)根据《国家税务总局关于办理增值税期末留抵税额退税有关事项的公告》(国家税务总局公告 2019 年第 20 号)及《财政部税务总局海关总署关于深化增值税改革有关政策的公告》(财政部税务总局海关总署公告 2019 年 39 号)规定,自 2019 年 4 月 1 日起,试行增值税期末留抵税额退税制度加强增值税的管理,为此公司高度重视此项工作,把足额取得增值税进项税额纳入绩效考核,有力保障增值税进项税的足额获取,保障了公司利益;同时按税务规划时间节点完成发票的认证工作，为留抵退税做好准备工作。

(7)根据《中华人民共和国企业所得税法实施条例》第八十七条、第八十八条规定，企业从事港口码头、机场、铁路、公路、城市公共交通、电力、水利等项目投资经营所得，自项目取得第一笔生产经营收入所属纳税年度起，企业所得税给予"三免三减半"的税收优惠政策。所谓"三免三减半"，是指企业从事符合条件的项目投资经营所得，自项目取得第一笔生产经营收入所属纳税年度起，第一年至第三年免征企业所得税，第四年至第六年减半征收企业所得税。为此要在建设期注意企业所得税享受基础设施行业"三免三减半"政策的资料准备及备案工作，为企业运营期企业所得税减免提前谋划。

(8)强化印花税和个人所得税的管理，按照《中华人民共和国印花税管理条例》及《中华人民共和国个人所得税法》的管理规定，按时足额申报及缴纳印花税和个人所得税，年终及时进行个人所得税的汇算清缴工作，并通过对纳税申报时间的控制，延缓资金的支付时间，节约资金成本。

(9)防伪税控系统和网上申报软件应安装在独立的税控计算机上。为保证税控系统的安全运行，除税务管理人员外，未经许可，任何人不得在税控计算机上进行上网和与税务工作无关的活动。税务管理人员与税务部门及软件供应商保持联系，及时进行有关软件的升级和维护，保证税控系统和网上申报软件的正常运行。

(10)相关涉税人员应高度重视涉税档案的管理工作，应指定安全地点存放。已经处理完毕的涉税档案及资料须按月及时归档。网上申报的各种数据，必须在申报后下载到本地电脑上留存电子版，打印出来纸质版税务申报资料须及时归档装订。

2.3 资产管理

1. 资产全生命周期管理的目标

按照"资产全生命周期管理"的理念，实现"资产分类的统一、资产编码的统一"，建立资产编码体系，运用信息化手段支撑城市轨道交通资产全生命周期管理业务，从而达到规范公司资产管理的移交、接收、核查、调拨、报废、处置等工作，明确资产管理职责，确保公司资产的完整性、安全性，充分发挥资产效能，避免闲置浪费，做到资产"价格清晰、账物相符"，保障资产安全，提高资产利用率的目的。

2. 资产管理组织架构

公司资产管理组织架构采用四级管理方式，如图 2-4 所示。一级管理为资产管理领导小组的资产统筹协调管理。二级管理为企业管理部牵头的实物管理和财务部牵头的价值管理。三级为资产归口管理部门的资产管理，包括制定管理制度，建立归口资产台账，审核资产购置、转移、报废等业务，统筹安排资产盘点工作。四级为资产使用部门的资产管理，包括办理资产购置、调拨、维修、保养、报废等日常业务，更新资产台账，盘点资产等。

管理领导小组由公司主要领导任组长，副总经理、财务总监任副组长，资产归口管理部门负责人任组员，领导小组下设办公室，办公室设在企业管理部。领导小组负责全面领导公司资产管理工作；召开资产管理专题会议，部署工作任务；负责协调解决资产管理工作中存在的问题。

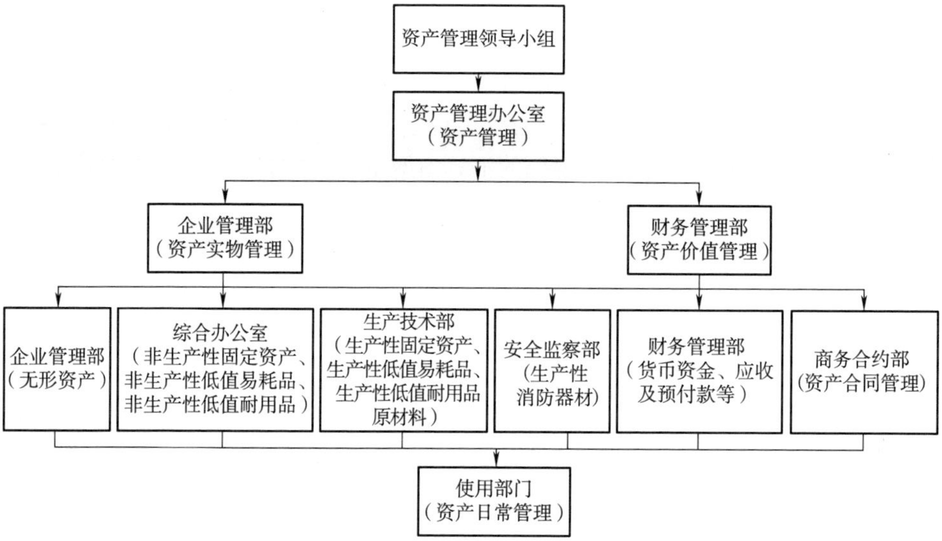

图 2-4 资产管理组织架构图

3. 资产分类

资产按照资产权属可分为 A 部分租赁资产和 B 部分公司自行投资建设资产。资产按流动性可分为流动资产、非流动资产，具体分类见表 2-1。

表 2-1 流动资产和非流动资产分类表

一级分类	二级分类	三级分类	四级分类	归口管理部门	采购部门	使用部门	备注
非流动资产	固定资产	生产性	—	生产技术部	商务合约部	安全监察部	
		非生产性	—	综合办公室	综合办公室	各部门	电脑、会议视频系统由企业管理部采购
	无形资产	—	—	企业管理部	企业管理部	各部门	

续上表

一级分类	二级分类	三级分类	四级分类	归口管理部门	采购部门	使用部门	备注
流动资产	存货	原材料	材料、燃料、辅助材料、备品备件	生产技术部	商务合约部	运营事业部	生产性消防器材安全监察部负责
		低值易耗品、低值耐用品	生产性			运营事业部和安全监察部	
			非生产性	综合办公室	综合办公室	各部门	
	货币资金	—	—	财务管理部	—	—	
	交易性金融资产	—	—		—	—	
	应收及预付款	—	—		—	—	

4. 资产编码体系

城市轨道交通运营单位绝大多数资产是由建设投资转入，建设部门主要从项目管理的角度对建设期资产进行管理；运营部门主要从运营维修维护及实物安全的角度对经营期资产进行日常管理；财务部门在符合会计制度和准则的前提下，完成资产全生命周期的会计核算及财务管理工作。

为了实现资产全生命周期管理，公司制定《实物资产分类与编码管理办法》，统一新线实物资产移交、竣工决算等关键节点的固定资产颗粒度，大大提升数据质量，减少重复工作，提高工作效率，保证竣工结算时可获得习晰、准确的资产清单，并与设备建立关联，清晰反映资产价值的形成过程。

5. 资产移交制度

新线实物资产移交作为资产全生命周期管理中的关键节点，涉及建设项目管理、合同管理、采购物流管理、设备维护维修、财务管理等多方面。公司制定《新线B部分实物资产移交接收管理办法》，清晰界定建设部门、实物接管部门在资产接管过程中和资产接管后的职责分工，明确移交条件、标准、内容、表格填制等，保证新线资产顺利接管，为资产移交工作的有序开展奠定基础。

移交条件：单位（子单位）工程验收合格后，由建设部门向接收部门移交新线实物资产。

移交流程（图 2-5）：承包商（采购服务商）填写移交表→监理单位审核移交表→建设部门审核移交表→企业管理部审核移交表→接管部门审核移交表→实物资产现场核对确认→资料归档。

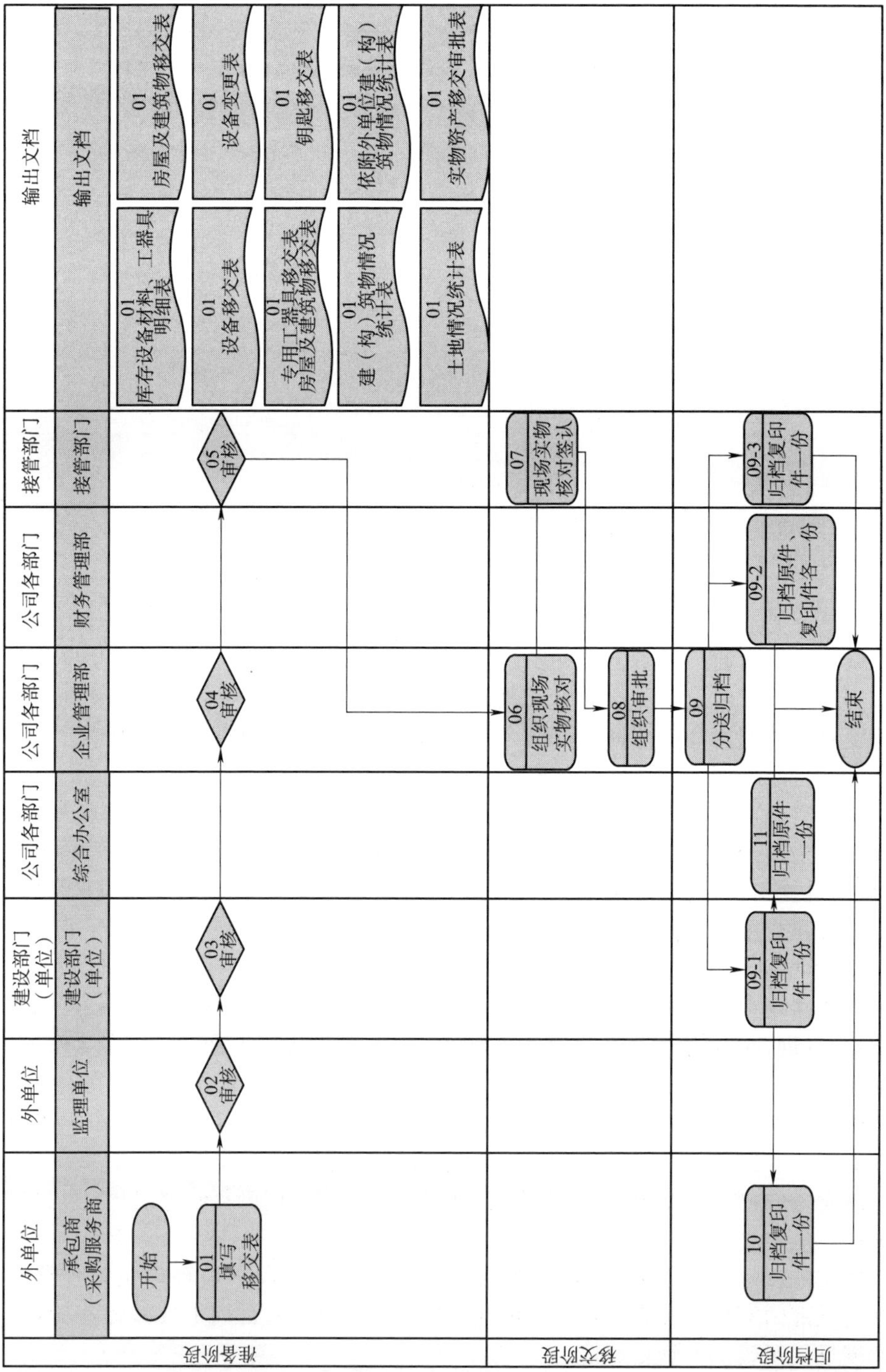

图2-5　新线实物资产移交流程

2.4 物资管理

太原中铁轨道公司物资管理主要包括物资计划管理、采购管理、仓储管理、废旧物资管理、危险化学品管理、工器具管理计量器具管理、建设期备品备件移交管理和运营期维保物资策划。

1. 物资计划管理

太原地铁 2 号线一期工程运营物资类别主要有车辆、通信信号及自动化系统、供电系统、机电系统、工建线路、房建、材料、低值易耗品、办公和劳保用品、工器具、制服等。太原中铁轨道公司物资计划实行需求部门申报，归口部门统筹的管理模式。生产技术负责生产性物资归口管理，综合办公室负责制服、办公办品、办公家具归口管理，企业管理部负责办公设备归口管理。物资采购计划实行全面预算管理，由各归口管理部门负责预算编制、采购计划报批、采购合同的具体实施。各需求部门编制全面预算清单，综合考虑生产计划、消耗定额、库存数量、库存定额、采购周期、在途物资等因素，并根据实际情况进行编制，由归口管理部门审核评估后统一上报，预算通过后下发执行。太原中铁轨道公司以全面预算作为编制依据，结合生产计划需求、采购周期及各类物资不同的特性，以年度计划为主体，辅以季度计划、临时计划及紧急采购计划，以保障运营生产物资供给为目标，编制采购计划并实施采购。

2. 物资采购管理

制定《太原中铁轨道交通建设运营有限公司采购管理办法》，执行限额采购方式，采购以招标采购、线上采购为主，辅以应急采购以满足生产、办公需要。达到公开招标限额的采购项目进行招标采购；未达到公开招标限额的生产经营所需的备品备件、消耗性材料、工器具(含计量器具、专用工具)、运营生产类等生产性物资，安全防护用品，办公耗材、清洁用品、食堂用品、日杂百货等低值易耗品及信息化类资产，所采购物品已纳入公司年度财务预算与年度需求计划，采购方式为线上采购。应急采购(如应对突发事件，解决影响现场生产运营问题等)或金额在人民币 5 万元以下且要求五天内到货的临时急需采购项目，经审批后由采购部门直接联系合格供应商进行应急采购。物资采购遵循适价、适质、适时、适量、适地的原则进行，以满足公司运营生产供应。

3. 物资仓储管理

太原中铁轨道公司物资仓储采用统一管理，分级负责制。生产技术部是物资仓储管理部门，负责公司物资收、发、存业务及账务管理。物资库设置两级库：一级库为生产技术部直接管理的物资总库及附属仓库，设置在贾家寨车辆段；二级库为各生产中心仓库，根据生产需要设置在车辆段及各站点。总库与二级库之间、二级库与二级库之间在库物资执行调拨。物资领用消耗按两级消耗核算：一级消耗为从总库直接领用出库物资，如劳保用品、工器具、仪器仪表、机械设备等；二级消耗为从二级库领用出库直接用于消耗的物资，如备品备件、材料、低值易损件。

1）物资验收入库

成立物资质量验收小组，小组由生产技术部、采购部门、物资需求部门人员及其他相关部门人员组成（如劳动保护用品由安全监察部参加）。质量验收小组按照验收要求对到货物资进行资料、数量、外观、质量验收，验收结果实行一票否决制，即有一名小组成员否决，则不通过，验收合格的签订验收单，办理入库，并建立物资管理台账和库存物资明细账。

2）物资储存和发放

编制仓储管理制度，科学组织仓库物资的保管保养，做到物资不变质、不变形、不损坏、不丢失。物资发放遵循"先进先出"的原则，遵守"三检三核"制度（"三检"是指检查发料凭证应正确无误，检查发出物资的品名、规格、数量是否相符；"三核"是指发料凭证与账卡核对，发料凭证与发出实物核对，结存实物与账卡核对）。对于规定有保质期限，逾期失效或变质的物资，在限期内发放，确保储存物资的质量。

3）库存物资盘点

仓库盘点管理实行年度盘点、月度和临时抽盘。物资总库由仓储管理人员在月底根据出入库变化情况进行抽盘，二级库采用月度盘点。年度盘点由物资管理部门牵头，会同财务管理部、物资二级库管理人员，每年对库存物资进行一次全面清产核资、盘盈盘亏分析工作。

4. 废旧物资管理

生产技术部负责生产性废旧物资管理，组织成立生产性废旧物资处理工作小组。工作小组成员由生产技术部、物资使用部门、安全管理部门、纪检监察部门相关人员组成。具体流程：由使用部门收集废旧物资后移交生产技术部，由生产技术部分类汇总编制报废物资清单，组织小组人员对报废物资进行鉴定；小组以鉴定结果为依据，本着修旧利废的原则，综合考虑经济成本，提出处理意见，由生产技术部向公司报批；生产技术部根据公司审批意见进行处理，处理过程严格执行国家、政府及上级有关废旧资产回收处理的方针政策、法律法规，确保处置公开、透明、合法、合规、经济。

5. 危险化学品管理

车辆段设立杂品库，用于储存危化品。库房建筑耐火等级为二级，屋面防水等级为一级，抗震设防烈度为 8 度，采用泄压屋面板，安装自动监测和火灾报警系统。建筑面积为 102 m^2，分为乙炔瓶库房、桶装油品库房、化学品库房、油漆稀料库房四个库房，每个库房配有推车式干粉灭火器，库房外配置两个 1 200 cm×80 cm×80 cm 消防沙箱。公司制定库存量定额，危险化学品计划管控、分批采购、出入库及运输使用管理规定；根据风险管控要求制定火灾、泄漏、高温等现场处置方案。管理人员经过消防安全专业培训，持证上岗。危险化学品管理实现专库储存、专车运输、专人保管，严格制度、严格手续、严格管理，杜绝安全事件发生。

6. 工器具管理

太原中铁轨道公司制定工器具管理办法，实行定额管理。以生产设备检修内容为依据，满足现场生产为基础，针对不同中心、车间、班组、个人制定工器具配置标准。建立工器具管理台账，实行编码管理，从计划、采购、验收、领用、发放、使用、报废等过程进行全面管控，实现合理配置，资源共享，经济高效。

7. 计量器具管理

太原中铁轨道公司根据《中华人民共和国计量法》规定及地铁运营安全技术要求，对地铁运营计量器具进行 A、B、C 分类管理。A 类为国家强制管理的计量器具及公司计量标准器具；B 类是 A 类计量器具以外，在运营维护中对计量数据有一定要求的计量器具；C 类为准确度无严格要求的工具类计量器具、指示用的计量器具、固定安装与设备不可拆卸的指示仪表、国家计量行政部门规定允许一次性检定使用或实行有效管理的计量器具、一般测量用计量性能不易变化的低值易耗计量器具及自制的专用计量器具。对 A、B 类计量器具进行重点管理，建立计量器具管理台账，定期清点核查，严格按周期送检，保证账、卡、物一致；C 类根据类别和使用情况，按有关规定实行一次性检定或入库使用前抽样检测管理。

8. 建设期备品备件移交

太原中铁轨道公司建设期备品备件移交根据《城市轨道交通初期运营前安全评估技术规范　第 1 部分：地铁和轻轨》（交办运〔2019〕17 号）及实际运营生产需要，制定建设期备品备件移交方案，采用总价控制、清单调整、分批移交方式完成备品备件移交。机电、自动化各专业备品备件按三批移交：第一批在地铁试运行前完成移交，约占备品备件总金额的 60%，以保证试运行设备安全；第二批在地铁试运行结束安全评估前完成移交，开累完成备品备件总金额的 90%，以保证试运营设备安全；第三批在地铁试运营 3 个月内完成移交，开累完成备品备件总金额的 100%，对重点易损件进行补充。车辆专业在试运行前由厂家提供一批售后服务件至现场，作为车辆试运行保障备件；在试运行结束前根据车辆运行情况，对质保保障备件进行评估，根据评估结果厂家对售后服务件进行补充，保障试运营车辆安全，在质保期结束前按公司移交计划完成车辆备品备件移交。

生产技术部负责备品备件移交接收工作，由专业工程师组织承包商、监理、使用部门、接收部门现场移交，共同验收合格后签字确认。物资总库办理入库手续，纳入在库物资管理。备品备件质保与主合同质保期限保持一致，个别约定延长期限。

9. 运营期维保物资策划

公司设施设备采用全部委外维保模式，维保物资统筹规划、明确职责、协同合作。一是公司根据设施设备特性及运行维修情况，结合市场供求现状及采购周期，建立安全库存物资库，保证维修备件及材料的供应，定期统计分析物料消耗及市场供应变化规律，适时优化调整安全物资库清单，符合维保需求，降低缺货风险；二是明确职责，公司负责安全库存物资清单确定、关键备件及重要备件的管控，维保单位负责所有物资采购、供应及日常管理，承担物资管理及缺货风险；三是公司无偿提供建设期随车备件及开通前一次性采购工器具给维保单位使用，维保单位优先使用公司提供的备品备件，在规定时限内保质保量归还，可减轻维保单位前期资金投入压力，促进公司物资库备件周转。

3 全自动运行B部分建设管理

3.1 工程管理概况

1. 管理模式

太原地铁2号线一期工程采用“A+B”PPP投融资模式，其中A部分以政府主导，采用自建模式；B部分采用政府与社会资本方合作模式建设，由太原中铁轨道公司承担建设管理。太原中铁轨道公司通过直接委托中铁电气化局作为PPP项目建设总承包方，负责B部分安装施工，以及除牵引、车辆、信号（含综合监控系统）、AFC以外的设备材料采购工作。

太原中铁轨道公司建立“建设单位—总承包方—系统项目分部”扁平化的施工生产管理模式。按“突破前期工程、狠抓关键线路重点项目、统筹做好各系统间的有序衔接”的总体思路组织实施和总承包部及各系统项目部三级管理模式，建立健全保障管理体系，并设置相关部门负责工程进度、质量、安全等控制，实现全面管理。依据合同按期、按质、按量履行规定的义务，制定相应的计划指令下达总承包部。

2. 开工准备

在开工前规范项目管理流程，防范项目建设风险，做好整体管理、范围管理、时间管理、成本管理、质量管理、人力资源管理、沟通管理、干系人管理、风险管理、采购管理等工作。

根据太原地铁2号线一期工程（B部分）PPP项目工期目标要求，结合对A部分现场施工进展情况的调查，对B部分项目进行整体筹划，合理安排，优化施工组织方案后，全线开始施工准备时间为2019年5月30日，全线正式开工时间为2019年8月1日。针对工程规模大、专业多、接口复杂、前期工程难度大、工程地质和周边环境制约多的特点，明确划分各项目分部的施工内容，各项目分部按所含系统分别拟定系统的施工方案及工期计划，由总承包方统一指挥和部署，以实现节点控制为目标，科学组织管理，在总承包方统筹和调度协调下，按进度计划对项目拟投入的人员、机械设备、仪器仪表等资源提前调配。按建设任务分配开展现场控制和调度，按系统开展平行施工做好充足准备。

3. 进度管理

太原中铁轨道公司结合工程工期短、关键控制节点多、技术标准高、安全责任重大的特点，建立健全工期保障管理体系；配备精干、高效的管理人员，并保持人员稳定，管理责任落实到人，做到事事有人管，并联合监理单位对施工进度进行现场盯控。各级组织层层负责，以关键工期控制节点为控制目标，实施合同工期目标责任制，制定进度考核管理办法，确保总体工期目标及各阶段节点工期的全面实现。

坚持例会制度及现场办公制度，建立高效联动协作机制，通过现场办公迅速协调解决出现的问题；严格执行节点目标控制管理，通过编制《项目工期计划》明确施工节点目标，适时组织开展劳动竞赛活动，加大奖罚措施及力度；严格领导干部现场盯岗及包保制度，责任层层分解，落实到人。同时从项目合同策划、招标采购、工期策划、技术策划、施工组织设计、施工项目管理、施工工艺改进、项目团队及项目文化建设等方面认真分析，进行指导项目管理工作。

为了圆满完成项目建设，公司在继续坚持以往工作方法的同时，针对工程特点，制定以下制度措施，以确保整体工作顺利推进。

(1)积极开展劳动竞赛活动。强化阶段性考核、关键节点的考核与奖罚力度，提高参建单位和员工的积极性。实行周例会制度，制定周计划，按周进行考核，以周保旬、旬保月、月保季、季保年，来确保年度计划和整体计划的实现。

(2)加强夜间施工管理，确保 24 h 施工。公司抓好夜间施工检查及考核力度，要求总承包部及各项目部强化夜间照明，加强夜间现场管理力量，抓好低风险项目夜间施工劳力和机械设备投入，提高夜间施工工效。

(3)根据系统工程施工的特点，以电通、系统联调联试及试运行为主线，贯彻“方案决定成本”的指导思想，合理配置生产要素，抓住关键线路，突出重点，以确保安全、确保质量、均衡生产、流水作业、效益最大化为原则，采用分区(单位工程)组织多工作面同时施工，各区段内按工序流水作业，以关键线路工期的完成来确保总工期目标的实现。

3.2 A、B 接口管理

1. 接口管理工作内容

接口管理工作包括接口类型确认、接口管理工作内容、接口界面界定、接口管理要求，以及各个系统内部接口与外部接口、A 部分与 B 部分的工程接口。

2. 接口管理目标

接口管理是为确保工程关键节点目标按期按质完成，建成后各专业能紧密结合、有效联系，从而达到整个项目工程安全、可靠、经济、合理的目的。

3. 接口管理各方职责

生产技术部是施工接口管理的主责部门，负责制定接口管理制度，并负责制度的修订、完善，督促、检查、指导施工标段施工接口的管理和协调工作。积极主动地与地方各级政府有关部门联系，协调工程所涉及的各参建单位之间的接口，解决和处理好现场施工过程中出现的各种接口问题。

安全监察部负责接口管理工作中工程质量、安全文明、环境保护等方面的监督检查工作。

4. 接口管理措施

(1)责任部门应建立项目整体接口管理机制。接口管理要做到“不重不漏”，必须对各参建施工单位各专业之间的接口进行细致的整理和分工。工程实施过程中，涉及内部接口的管理内容与要求需作为技术交底的重要内容对各参建施工单位进行下发，并在工程实施中随时进行检查和调整，确保参建标段各专业施工有条不紊地进行。

(2)定期组织周例会，在会议上将接口管理情况作为一项重点事项，在整个项目内部例会中就接口工作进展，出现的问题及下一步解决方案进行重点研究。

(3)2019 年 7 月，太原轨道公司和太原中铁轨道公司共同成立了 A、B 部分协调工作领导组，领导组下设五个工作组，主要解决工期紧、任务重、接口关系复杂、工作界面交叉等问题。领导组全面组织 A、B 部分工程相关工作协调，不定期召开会议，听取各工作组工作汇报，对重要协调事项进行决策。各工作组按照职责分工，建立高效的工作管理体系，每周至少召开一次工作例会，协调解决现场存在问题，并将相关工作情况上报领导组。

(4)2020 年 1 月，经太原市人民政府批准，太原轨道公司和太原中铁轨道公司共同成立太原地铁 2 号线一期工程保通车指挥部，指挥部下设五个专业推进组，及时解决阻碍工作推进的问题，其中设备及装修工作推进组，负责协调 A、B 部分之间的接口工作。

保通车指挥部坚持每日召开指挥部工作例会，会后根据需要，相关工作组人员到现场解决问题。每晚 8 点，总结工作完成情况，梳理推进中存在的问题，向指挥部报送，于次日例会时进行协商解决。

(5)太原轨道公司和太原中铁轨道公司主要分管领导对全线进行分段包保，带领双方业主代表和 A、B 部分施工单位项目经理，成立“四人小组”。由双方负责对 A、B 部分现场接口以及交叉作业进行协调，无法协调解决事宜上报分管领导进行协调解决。

5. 接口管理经验与总结

1)接口管理制度

(1)计划接口管理制度

各专业的接口时间要按照施工进度计划表,分别安排各自的进场施工时间和最迟完成时间,严格按照各专业共同确定的进度计划表完成各自的施工任务,为下一道工序创造条件。各个工序完成后向下一个工序移交时要签订移交书,包括移交时间、移交内容、工程质量情况、接收人、接收意见等内容。

(2)接口责任管理制度

接口在界面划分时,均明确在接口上双方的责任划分,并制定相关的违约处理措施,保证双方认真履行接口责任。

(3)接口协调方法

对接口管理的方式进行约定,包括接口会议的组织,信息文件的传递方式,接口文件的内容和签署,设计要求以及冲突的解决措施等。

2)接口管理协调措施

①接口管理协调会目的及任务:为保证施工生产顺利进行,将每周接口管理计划进一步细化,任务落实到人,检查到位。不同级别的接口管理小组应分别组织不同的接口协调会。开会时间视施工进度计划情况至少每周一次。

②太原中铁轨道公司明确项目各阶段关键节点工期目标要求,协调安排工程建设进度衔接中的各类接口关系,编制接口管理办法,增强项目建设实施的合理性,确保各项里程碑工期节点的实现。

③为保证优质、安全、快速、高效地完成建设任务,提高轨道交通建设管理水平,科学有序推进太原中铁轨道公司建设管理工作,根据《太原中铁轨道交通建设运营有限公司业主代表管理办法(暂行)》(太原中铁设〔2019〕126 号)要求,公司设置业主代表人员 4 名,由公司法人授权委托,生产技术部对业主代表统一管理,从进度、质量、安全、文明施工等方面全面负责,全力推进现场各项工作,加强与轨道公司、施工单位、监理单位、设计单位以及政府相关部门的联系,及时解决施工中遇到的问题,为施工创造一个良好的环境,确保工期履约。

3)工程内部接口管理措施

(1)内部工程接口主要管理措施

为落实里程碑工期、节点工期要求,对关键节点实行全程、动态跟踪,对过程中出现的问题及时纠偏,确保各作业面按期完成交接。做好各专业设计图纸交叉会审工作,就结构高程、装修要求、管线的平纵断面等相互位置关系等进行会审,避免交叉干扰。

(2)机电及系统设备工程接口管理措施

机电及系统设备工程和土建主要接口是管道与土建、设备安装与土建、线缆敷设与土建、末端设备安装与土建、设备(轨旁设备、信号灯)安装与土建等之间的接口,相关专业之间做好孔洞预留、风口开设、设备安装位置的确定、设备运输通道预留等协调和对接,并就协商内容出具纸质版文件。

(3)设备供货与安装工程接口

供货商与供货商设备安装之间的接口,承包方应组织施工项目部与供应商、供应商与供应商就施工图进行审核交接,确保预留结构、管道、预埋件位置、尺寸等满足设备安装要求,同时明确在接口上双方的责任划分,并制定相关的违约处理措施,保证双方认真履行接口责任。

3.3 合同管理

在太原地铁2号线建设中,公司合同管理人员通过定期合同履约考核了解合同履约情况,重点掌握施工总承包合同、信号系统设备采购合同、车辆采购合同等项目情况,及时收集整理过程资料,同时借鉴其他轨道交通建设经验,通过不断总结,现已基本形成太原市轨道交通建设的合同管理体系,为更好建设高效、便捷、绿色的太原轨道交通提供了合同保障。

1. 合同管理范围及目标

城市轨道交通是一个庞大的系统工程,合同体系接口界面复杂,涉及专业多,期限长,金额跨度大(单项合同金额从几万到几亿不等),合同执行过程中不确定因素多,使得城市轨道交通工程在建设过程中的合同管理难度非常大。

合同管理的范围涵盖项目的招标阶段、施工阶段和竣工决算阶段等,内容涉及机电、设备、车辆、监理、咨询、运营等各个专业。公司合同管理的任务是全过程、全方位地对各类合同进行分解落实,自合同启动至合同执行完成,通过合同管理,规范参建各方的行为规则,约束各方严格按照合同约定的权责执行,将建设总目标分解为建设参与者的合同目标,通过实现每个单项合同目标,进而实现太原市轨道交通建设绿色地铁、人文地铁、智慧地铁的目标。

2. 合同管理方法与措施

根据《中华人民共和国民法典》等法律法规及各级政府部门的规章制度,公司制定了合同管理办法,明确各有关部门、机构的职责和工作流程,为合同管理工作指明工作方向,同时该办法与公司计量支付管理办法和履约考核等管理办法项目统一协作,形成公司完整的合同管理体系。从合同起草开始,到合同评审签订、合同计量支付、工程变更、合同变更、合同履约、竣工结算等全方位进行规范化、流程化管理。公司合同管理职责分工如下：

(1)商务合约部：合同的归口管理部门，负责合同全过程的牵头管理工作，负责合同签署方资质审查，负责合法性审查，负责合同商务部分(含合同价款的确定及支付程序)条款的起草、审核；参加承办部门组织的合同谈判；负责合同编号，负责建立合同台账，负责已签订合同的分送工作；负责保管合同履行过程中的相关文件及资料，及时归档；负责合同订立过程中合同审批手续办理及签订工作；根据合同约定及承办部门确认的工程量、工程进度等确认支付额度；负责合同结算工作。

(2)合同承办部门：负责合同技术部分(含安全要求)条款(如工程方案、图纸、工程量、技术性能、质量标准、工期进度、成果资料、验收标准等)的起草、审核、确认，对技术部分条款负责；组织合同谈判；负责技术部分合同谈判，技术文件的签认、审批；负责技术谈判的记录、纪要、备忘等，并整理归档；负责跟踪合同执行情况，合同履行过程中随时检查合同执行进展；组织相关部门处理合同的争议或纠纷；建立本部门合同台账，负责保管与合同 (含合同履约、变更、解除、终止等)有关的文件及资料，及时归档；负责合同履约完成的确认工作，协助商务合约部进行竣工结算工作。

(3)财务管理部：负责对合同中的担保条款、保险条款、涉税条款和支付条款提出意见和建议；负责依据合同约定审查付款手续是否完备齐全，付款额度是否符合合同约定，审核无误后支付合同价款，确保合同款的支付符合审计要求；负责审核合同款项的支付要件，确保合同支付合法合规；负责合同所涉的相关税费交纳办理；负责建立支付台账。

(4)审计法务部：对公司合同的合法性、有效性进行审核，提出完善合同文本的意见，防范合同的相关法律风险；提供合同法律咨询，配合合同纠纷、诉讼的解决等。

太原中铁轨道公司合同签订流程如图 3-1 所示，从合同起草至合同签订共需完成两次评审。一是编制合同初稿由业务承办部门、商务合约部、财务管理部根据相关部门、单位、领导意见进行初审；二是与合同履约方进行合同谈判，完善合同内容，开展合同评审工作，调整合同文本并完成合同签订。

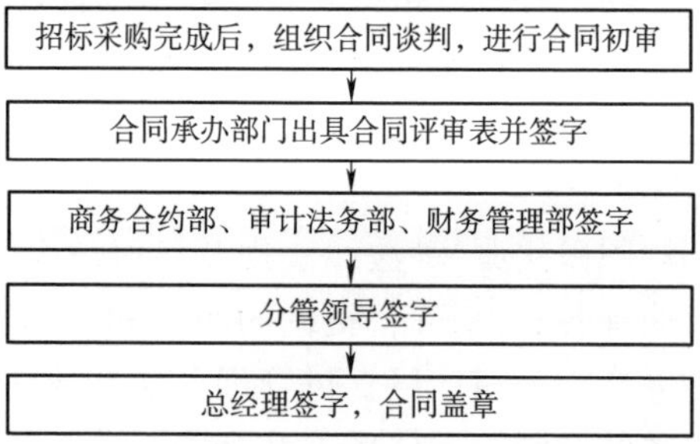

图 3-1　太原中铁轨道公司合同签订流程

在合同管理过程中，对于不同专业不同类型的合同采用相应的合同示范文本，并根据太原城市轨道交通特点进行编制，同时在建设过程中，根据已签订的合同执行情况，不断优化合同条款，明确发承包双方的权利和义务、进度计划、工程质量、变更条款、价格调整、计量支付、竣工验收、缺陷责任和保修责任、不可抗力、违约条款、索赔和争议的解决和其他相关约定等，最大限度地将各参建方的权利、义务和责任纳入合同管理的范围中，尽可能避免出现争议性条款及合同漏洞，给后续合同实施带来阻碍。

根据不同阶段采取适当的合同管理措施。合同确立阶段进行技术谈判，明确项目的各项技术要求；合同实施完毕及时结算及归档。在合同履约的过程中定期对合同履约情况进行检查，及时发现合同执行中出现的问题。

3. 合同变更管理

(1)在轨道交通建设过程中突出事前控制，强化事中控制，完善事后控制。事前控制即尽量减少设计变更，当设计变更发生后，由设计单位根据变更管理办法完善相关流程后，出具施工设计图纸，避免先实施后补变更程序的情况。由于太原地铁 2 号线为初步设计招标，因此存在施工图与初步设计存在差异的情况，公司积极与太原市轨道交通建设服务中心进行沟通，对于存在差异的事项进行工程变更。

(2)工程变更费用和变更方案是联系在一起的，因此变更除了说明变更处理方案的同时，必须编制相应的变更价款计算书，使公司决策时对造价心中有数，避免投资失控。

(3)在建设过程中，加强现场签证管理，工程技术人员与工程造价人员相互配合，根据签证规定时效性要求，实施完成后及时签字，且签证达到量化要求、内容与实际相符，控制签证范围。

(4)合同执行过程中相对于合同签订时的合同条件发生变化，包括合同标的、数量、质量、价款或者报酬、履行期限、履行地点和方式、违约责任和解决争议方法等的改变要进行合同变更手续，合同的变更必须采用书面形式并应在法律规定或合同约定的条件下，在合理期限内与对方当事人进行协商，书面函告并限期答复。

4. 合同管理经验与总结

合同管理是项目管理重要的环节之一，工程建设的每一个环节都围绕合同约定来开展工作。鉴于轨道交通建设设计专业多、建设周期长、合同参与单位多等特点，公司对于合同条款的设置既满足建设单位对项目管理的目标要求，又符合各参与单位责任权利需求；既严谨准确，又简明易懂；既满足指导各方履行权责利的要求，也满足合同计量支付、结算和质保要求。公司通过地铁 2 号线的建设，不断积累经验，完善合同管理系统，建立健全相关管理制度，为太原市轨道交通建设实现安全、质量、进度、廉洁的目标奠定了基础。

3.4 安全质量管理

1. 安全质量管理保证措施

完善手续，强化监管。及时办理建设工程质量、安全监督手续，确保具备施工许可及开工所要求的安全生产条件，积极接受政府监督管理部门的监督。在开工前组织设计、总承包、监理等单位交桩，总承包方和监理单位负责对主要控制桩进行校核，做好校核记录，并落实保护措施。

严格做好图纸会审。严格执行施工图纸的审图制度，及时组织各相关单位召开设计联络会，结合各专业的特点，进一步深化设计图，做好过程审图记录，针对各种质量缺陷或功能不足的问题做到及时沟通反馈。

做好施工组织方案逐级审核。要求总承包方的施工组织设计、施工方案必须经过监理单位审核，重要的分部、分项工程组织专家审查，确保施工组织设计、方案的合规性和有效性。

强化监理单位的监理责任及安全职责。要求监理单位编制监理规划、监理细则等规范性、指导性文件，明确监理质量管理职责，严把施工组织设计、施工方案的审查关，组织设计图纸会审和技术交底，审查设计文件，掌握设计意图，纠正差错漏洞，提出补充完善意见，做好工程质量预控；要求监理单位要认真审查总承包方配备的安全质量管理人员、材料、机械设备等是否符合合同约定；认真核验总承包方的放样和测量数据、混凝土配合比设计和试验结果等关键环节；检查和督促总承包方完善安全生产保证体系和各项安全生产规章制度，严格审查开工报告，督促相关单位落实开工条件。

强化施工单位安全质量管理主体责任。要求总承包方建立行之有效的质量管理体系，按照合同约定配备合格的安全管理人员；对拟在工程中使用的原材料、半成品、构配件、设备等，从采购、加工制造、运输、装卸、存放、检验、使用等方面进行系统的全过程控制；开展风险源识别，例如大型设备吊装运输、高处作业、人员触电、系统接口等风险源，通过详细编制施工组织设计、施工方案，安全交底、教育培训等方法进行风险管控，组织落实好编、审、批等环节；对关键部位、薄弱环节、质量通病的防治方面要有相应的预防及质量保证措施。在炎夏、严冬、雨季等特殊条件下，对某些特定对象的施工质量与安全(如雨季开挖、冬季混凝土工程保温等)应有可靠和有效的技术和组织措施。

建立安全质量管理制度共计 22 个，成立以公司主要领导为组长，副职领导为副组长，各部门负责人及各参建单位主要负责人为组员的安全质量管理领导小组，健全完善安全组织管理机构。

招入第三方风险咨询管理单位，作为安全质量管理的强有力助手，开展机电及设备安装施工期动态安全风险评估和风险控制工作，有效预防、预控工程安全风险，提高轨道交通工程建设过程中的安全风险管理水平。

每月组织施工、监理、第三方监测检测、风险咨询等单位召开安全质量工作例会，对风险管控措施落实情况、安全质量管理形势及存在的问题进行分析，制定整改防范措施，明确下一步安全质量工作要求，切实做好安全质量过程管控。

每周派人对现场重要工点进行巡查，每月进行联合大检查，总承包部、监理单位、风险咨询单位全程参与。针对存在的问题及时下发通报督促整改，共计下发情况通报 126 期，检查并解决事故隐患 1 200 余件，逐步提升施工安全质量管理水平。

监理单位严格按检验批、分项、分部（子分部）工程进行质量验收，并进行安全质量评价。对施工验收中发现存在的质量缺陷或重大质量隐患，通过监理单位及时下发工程整改通知书或暂停令，要求总承包方停工整改。总承包方对质量缺陷或重大质量隐患提出处理方案，监理单位组织设计有关单位进行方案审查，并对整改情况进行复查。

项目工程验收、竣工验收中，实施工程预验收制度，邀请有经验专家及政府主管部门参与，按照相关文件严格验收程序和标准，严格把好质量控制的最后一道关，确保工程质量满足设计和功能要求。

2. 环保治理措施

1）扬尘管理措施

（1）工程开工前，太原中铁轨道公司联合 B 部分总承包部、各监理单位与太原市市政公用工程质量安全站签订《扬尘治理承诺书》，并要求各单位指派扬尘治理专员开展工作。

（2）施工期间产生的扬尘、粉尘、尾气，导致空气中悬浮颗粒物的增多，产生大量 $PM_{2.5}$ 形成雾霾，影响大气质量，长时间吸入会对人体呼吸道造成伤害。施工场地应洒水，对容易起尘的细料和松散材料予以覆盖或适当的洒水喷湿，运输期间用帆布或类似的遮盖物覆盖。运转时有粉尘发生的施工场地，应设有防尘抑尘设备。由于施工产生的扬尘可能影响周围正常居民生活、道路交通安全，设置防护网，以减少扬尘及施工渣土垢，如防护网发生破损，及时对其进行修补。施工期间严格落实“六个百分百”工作要求，即“工地围挡百分百，道路硬化百分百，土方物料遮盖百分百，出工地车辆冲洗百分百，垃圾密闭储运百分百，施工湿法作业百分百”。施工现场的机械设备、车辆的尾气排放应符合国家环保标准要求。

2）水环境管理措施

施工场所露天厕所如临近地表水，会对地表水造成污染。生活用水（食堂、浴室、洗手池等）如直接排放，渗入地下会污染土壤和地下水资源。因此，要求各项目部在现场建立厕所收集粪便污水；固定式厕所设立化粪池，移动式厕所设置收集装置，同时派专人维护厕所的清洁，并定期消毒。生活用水通过隔油池、化粪池、沉淀池等直接排入市政污水管。建筑材料运输车辆在离开施工现场时，保持清洗车辆轮胎及车厢，清洗废水接入施工现场的临时排水系统。

3)固体废弃物管理措施

固体废弃物比如混凝土块、砖块、沥青混合料块具有体量大、难降解的特点。作为建筑垃圾集中堆放起来占用大量的土地资源，并且沥青混合料当中沥青等有害物质的存在还会破坏周边环境的土质和地下水。生活垃圾会造成现场环境污染。在施工现场，设专人进行场地的保洁清扫，在现场设立固定的垃圾临时存放点，施工现场设置密闭式垃圾站，施工垃圾、生活垃圾分类存放，不得与建筑垃圾混合运输、消纳，现场垃圾必须在当天清除出场。实行区域负责制，由垃圾所在区域的施工班组负责清理运输。建筑垃圾和生活垃圾出场运输车必须覆盖篷布，以避免车辆途经市区时影响市民观感和造成污染，并按政府有关管理机构的规定，运送到指定的垃圾消纳场，始终保持生活区和施工现场整洁。

4)噪声振动管理措施

建筑安装、机械设备作业及运输车辆进出场，切割机使用等产生的噪声会影响附近居民休息和干扰正常的学习、工作。除紧急抢险、抢修外，禁止在夜间 10 点至早上 6 点，中午 12 点至下午 2 点进行产生噪声的建筑安装作业，以防扰民。由于特殊原因须在夜间 10 点至次日早晨 6 点内从事超标准的建设施工作业活动的，必须事先向作业活动所在地的区环境保护主管部门办理审批手续，并向周围居民进行公告。合理安排施工机械作业，易产生噪声等作业活动尽可能安排在不影响周围居民及社会正常生活的时段下进行。对于高噪声设备附近加设可移动的简易隔声屏，尽可能减少设备噪声对周围环境的影响。合理布置机械设备及运输车辆进出口，切割机等噪声设备及车辆进出口应安置在离居民区域相对较远的方位。工程施工期间，严格按照国家要求，根据施工场地周围的环境情况，减少夜间作业，避免灯光、噪声及振动等对周边居民的惊扰。运输车辆驶入城市区域禁鸣区域，驾驶员应在相应时段内遵守禁鸣规定，在非禁鸣路段每次按喇叭不得超过 0.5 s，连续按鸣不得超过 3 次。

5)照明(光污染)管理措施

在建筑施工现场的光污染主要是电焊机发出的弧光、夜间施工时的强光等。对有红外线和紫外线污染的场所采取必要的安全防护措施。强化个人防护措施，要求相关作业人员佩戴防护眼镜和防护面罩。

3. 文明施工管理措施

施工现场布置应合理，功能区域要明确，便于集中管理。施工现场内所有物品严格按施工现场平面布置图布置，做到图物吻合。现场各项施工准备工作和施工项目，必须在批准的施工场地内组织实施。需要临时租用施工场地或临时占用道路的，依法办理有关批准手续，先批后用。临时设施的设置方案必须经公司审批批准后才能予以实施。建设工程竣工后，总承包方在规定时间内拆除临时围挡、安全防护设施和其他临时设施，并将工地及四周环境清理整洁，做到工完、料净、场清。临时生产设施的布置，应方便生产和生活，尽量少占用地，临时设施一般不得占据在建工程位置，并应符合消防安全和工地卫生的规定。在施工现场，一切进入车辆必须进行车牌号登记，凡进入或离开施工现场的货运车辆，所载物品必须由保卫负责人签发的“物品出入证”方可运离工地。运输车辆必须冲洗后才能离场上路行驶。施工现场作业人员必须佩戴统一制作的工作卡方可出入工地。建立门卫登记制度，对非现场施工人员需要进入工地商洽业务时，要进行登记。同时，公司制定《文明施工的检查、考核和奖惩管理办法》，每月组织对各承包商进行月度文明施工专项检查，检查结果排名、公布，对不符合太原市文明施工要求的单位进行经济处罚，对表现突出的单位进行奖励，进一步强化文明施工管理。

4. 应急管理

1)应急预案评审

为提高风险防范意识，提升事故的应急处置能力，通过成立应急预案编制小组、收集资料、编制风险评估报告和应急资源调查报告等工作，完成《太原中铁轨道交通建设运营有限公司2号线一期工程建设(B部分)综合应急预案》。邀请太原、天津、西安、石家庄等地的应急方面专家召开应急预案专家评审会，经过质询、讨论，专家组一致同意预案评审通过。预案评审通过后立即在太原市住房和城乡建设局进行备案，并逐级开展应急预案的全员培训工作，明确各方职责，提高各级管理人员的应急处置能力，更好地服务于工程建设。

2)应急演练工作

根据制定的应急演练计划，结合现场施工进度，按照专业分类，分别开展隧道坍塌、恶劣天气、人员中毒、机械伤害、轨道平板车伤害等应急演练工作，提升单位的应急处置能力，建设期间，未发生一起安全事故。

5. 经验与总结

1)进一步完善制度建设，提升质量安全管理水平

采取“走出去、引进来”的方法，多学习兄弟单位先进管理经验，并结合公司实际情况进一步完善各项管理制度，切实加强工程质量安全标准化建设、加强绿色施工管控，进一步细化分工、明确责任，提升质量安全管理水平，夯实质量安全保障体系。

2)坚持质量与安全协调推进

(1)进度是硬道理，进度是实现地铁早日通车的关键，但进度要以质量和安全

为前提，两者都重要，两者都要抓。要在“质量”的提升和“安全”的保证两个方面，改进管理弊端，加快施工进度。地铁2号线因工期较紧，对于现场的质量管控和安全管理均带来了一定的困难，因此要求对工筹的优化需要进一步的研究、提升。

(2)要提前谋划，扎根现场。通过外出考察学习与第三方风险咨询服务相结合的方式，不断提升安全质量监督管理人员的业务能力，重点针对可能存在较大质量、安全隐患的方面进行预控，防患于未然，坚决杜绝现场存在较大安全质量问题时再下停工整改通知的情况，以确保轨通、电通，开通试运营目标的实现。

3)加强质量安全巡查工作，提升监管效果

(1)要以管理制度建设、安全教育培训、施工现场质量安全问题、隐患排查治理、文明施工等为抓手，严把质量关、牢守安全门，做好质量安全巡查工作，做到举一反三、常抓不懈；同时，要加大对现场重复发生的安全隐患问题和质量通病的处罚力度。

(2)推动建设单位和监理单位、第三方风险咨询单位、施工单位联动的隐患排查治理督导机制，实施施工现场隐患排查治理与督导协同。构建安全质量管理长效机制，促进安全质量协同管理。

(3)利用各类检查，建立B部分施工现场隐患库，通过对比分析，查缺补漏，并定期进行总结，举一反三，循环往复，不断提升现场的安全质量管理水平。

4)完善轨道交通工程双重预防机制管理

通过建立城市轨道交通风险分级管控和隐患排查治理双重预防机制，实现质量安全管理由“过程检查整改型”转变为“事前排查治理型”，确保工程质量安全目标顺利实现。通过建立自己的隐患排查体系及隐患系统平台，为今后运营工作提前谋划，有效防范遏制生产安全事故。

3.5 创新与新技术应用

太原地铁2号线一期工程作为太原市乃至山西省首条地铁，是一条极具特色的交通干线，全线采用了全自动驾驶、轨转站运转设备等新技术，创新性地对全自动运行运营场景进行构建，充分保证运营的效率、安全、智能。

1. 科研成果

1)基于全自动无人驾驶技术的城市轨道交通信号工程施工技术研究

太原地铁2号线一期工程根据山西省太原地铁2号线信号系统工程全自动无人驾驶技术，进行信号工程施工技术研究，形成符合全自动无人驾驶技术特点的信号工程施工工艺。针对无人驾驶技术特点进行城市轨道交通信号工程调试技术攻关与研究。

2)城市轨道交通工程轨转站运转设备的研制

太原地铁2号线一期工程根据轨道交通工程的特点及现场情况,研制一种能够在轨道交通工程中轨道转运车站变电所设备的工具,满足车站变电所设备从轨道转运至变电所运输的需要。

3)城市轨道交通全自动运行运营场景构建和测试方案研究

太原中铁轨道公司联合上海申通轨道交通研究咨询有限公司与全自动相关设备厂家,根据全自动功能需求,按照车辆基地、正线、控制中心、车站四种不同区域进行正常模式、故障模式、应急模式三大类场景设计和构建,共计场景155个。其中描述了在全自动各场景下各设备专业的功能需求与测试过程及运营人员的现场处置流程,为之后各设备专业的技术规格与地铁2号线各项运营规章制度编制提供重要的功能指导方向。

4)地铁区间预埋槽道固定安装体系

地铁区间预埋槽道固定安装体系集成区间灯具、检修箱、电缆、导管进行安装,适用于新规范要求下的动力照明专业施工。

2. 全自动运行

太原地铁2号线一期工程基于云平台的全自动运行系统是按照GoA4级标准建设,系统具备列车自动休眠唤醒、自动出入库、正线全自动运行、车门/站台门对位隔离、自动折返、自动洗车、列车远程在线监控、乘客紧急对讲等全自动系统功能,同时采用全方位的故障软化技术支撑故障场景下的应急处置;中央级综合调度指挥系统(列车自动监控系统ATS与综合监控系统ISCS深度融合构建了综合调度指挥系统,简称“IDCS”)承载于城轨云计算平台,通过对云平台的安全加固和对IDCS软件的安全防护,使系统达到SIL2安全完整度等级;同时云平台在PaaS层提供中间件、大数据和容器等服务实现多专业融合和数据实时共享,在PaaS层提供数据服务,支撑全自动运行系统实现智能调度、智能运维;云平台的平台统保和各系统的系统自保,使整个系统满足网络安全三级等保标准。

城轨云平台通过全栈服务和大数据共享平台支撑全自动运行系统在保证安全的前提下大幅提高运营的自动化水平和应急响应能力,同时为未来线网级数据融合和挖掘打下了坚实基础,为实现智慧城轨提供支撑。

3. 云平台

随着轨道交通线网规模的扩大,城轨设备制式多样、运行组织模式复杂、网络客流叠加效应越发明显等特点也被放大,行业内逐步开始关注如何统一、高效的管理设备运维、优化运行组织、整合各业务系统数据。因此太原地铁2号线引入城轨云平台到全自动运行系统,通过云平台进行资源的统一配置和管理,实现数据共享进而优化运行组织,提升全自动运行效率。

太原地铁城轨云平台遵循中国城市轨道交通协会“13531”标准进行总体系统架构设计，采用同城异地的架构，初期建设规模包括23个车站、1个车辆段、1个控制中心及1个灾备中心。

4. BIM技术

太原地铁2号线一期工程是全国首例以地铁运营为导向的BIM技术全生命周期应用的地铁线路，是国内首条开发应用基于BIM技术的智能运维平台系统，该系统以BIM技术聚合大数据、云计算、人工智能、区块链、5G、物联网等，构建太原地铁数字底座，以各类专业数据库构建数据基础，以轻量化引擎、数据分析、事件监控、消息告警等构建数据平台。

3.6 综合联调

1. 综合联调目的及总体原则

轨道交通工程设备系统具有多专业、多种类、接口复杂等特点，各系统设备间相互联系、相互作用，同时也相互干扰、相互制约。太原地铁2号线一期工程主要包含车辆、信号、通信、供电、自动售检票、火灾报警、综合监控等系统。各系统设备受专业、经验和其他因素的影响，最终往往局限于各系统自身功能目标的满足，需在联调中对各系统接口关系进行动态联调，经整体设备系统到各系统的多次反馈与调整，对单项目标进行有条件的变换和调整，在整个系统上谋求最优，使各个系统间相互匹配、相互协调和相互保护，方可认定各设备系统功能结构的完整性与合理性，才能实现城市轨道交通设备系统的综合集成。

2. 综合联调编制依据及主要调试方案

1)综合联调编制依据

《城市轨道交通系统设备综合联调规范》(T/CAMET 04016—2019)；

《城市轨道交通初期运营前安全评估管理暂行办法》(交运规〔2022〕4号)；

《城市轨道交通初期运营前安全评估技术规范　第1部分:地铁和轻轨》(交办运〔2019〕17号)；

《地铁设计规范》(GB 50157—2013)；

《城市轨道交通工程项目规范》(GB 55033—2022)；

《城市轨道交通试运营基本条件》(GB/T 30013—2013)；

《城市轨道交通运营管理规范》(GB/T 30012—2013)；

《城市轨道交通通信工程质量验收规范》(GB 50382—2016)；

《城市轨道交通自动售检票系统技术条件》(GB/T 20907—2007)；

《自动扶梯和自动人行道的制造与安装安全规范》(GB 16899—2011)；

《地铁车辆通用技术条件》(GB/T 7928—2003);
《城市轨道交通信号系统通用技术条件》(GB/T 12758—2004);
《地下铁道工程施工质量验收标准》(GB/T 50299—2018);
《城市轨道交通信号工程施工质量验收标准》(GB/T 50578—2018);
《人民防空工程施工及验收规范》(GB 50134—2004);
《城市轨道交通综合监控系统工程技术标准》(GB/T 50636—2018);
《铁路车站计算机联锁技术条件》(TB/T 3027—2015);
《继电式电气集中联锁技术条件》(TB/T 1774—1986);
《轨道交通　机车车辆电子装置》(GB/T 25119—2021);
《城市轨道交通自动售检票系统工程质量验收标准》(GB/T 50381—2018);
《建筑物电子信息系统防雷技术规范》(GB 50343—2012);
《建筑工程施工质量验收统一标准》(GB 50300—2013);
《低压配电设计规范》(GB 50054—2011);
《城市轨道交通全自动运行系统规范　第3部分:接口》(T/CAMET 04017.3—2019);
《城市轨道交通全自动运行系统规范　第4部分:测试及验证》(T/CAMET 04017.4—2019);

全自动运营场景说明书、系统用户需求书、接口文件、技术规格书、系统说明书、设计图纸、点表等。

2)综合联调主要调试方案

综合联调主要调试方案见表3-1。

表3-1　综合联调主要调试方案

编号	主要名称	内容
ZT01	通信传输系统与关联系统综合联调实施方案	(1)检验在传输系统故障、中断再恢复后,测试对各相关系统造成的影响及系统的应急恢复能力。 (2)通过模拟传输系统中断,检测系统在中断再到自愈恢复过程中是否存在问题,能否满足全线运营的需要。 (3)通过此次联调,及时将暴露出来的问题与厂家、施工单位等相关单位进行协调处理
ZT02	通信时钟系统与关联系统综合联调实施方案	(1)检验传输、公务电话系统、专用电话系统、电视监视系统、广播系统、ISCS系统(含BAS/FAS/ACS等)、PIS、无线通信系统、ATS系统、UPS系统、集中网管系统、CNIS、PSCADA等是否能正确接收通信时间信号源并可进行校准。同时,在时钟系统发生故障、中断再恢复后,检验各相关系统是否仍能正常接收时钟系统时间信号源并可进行校准。 (2)通过模拟时钟系统故障,检测各相关系统在时钟系统中断到自愈再到恢复过程中是否存在问题,能否满足全线运营的需要。 (3)通过此次联调,及时将暴露出来的问题与厂家、施工单位等进行协调处理

续上表

编号	主要名称	内容
ZT03	综合监控系统与CCTV系统综合联调实施方案	(1)验证综合监控系统与CCTV系统之间的接口功能是否与设计相符,并满足运营要求。 (2)通过综合监控系统与CCTV系统设备的测试,确保综合监控系统通过CCTV系统实现对各监视区域的监控功能,保证太原地铁2号线运营工作的顺利进行。 (3)通过模拟综合联调,对运营操作及维修人员进行培训,提高检修人员技能,确保太原地铁2号线安全运营
ZT04	综合监控系统与PA综合联调实施方案	(1)验证综合监控系统与PA之间的接口功能是否与设计相符,并满足运营要求。 (2)通过综合监控系统与PA设备的测试,确保在正常及灾害情况模式下,综合监控系统通过PA实现对广播现场设备的监控功能,保证运营工作的顺利进行。 (3)通过综合联调,对运营操作及维修人员进行培训,提高检修人员技能,确保安全运营
ZT05	综合监控系统与PIS综合联调实施方案	(1)验证综合监控系统与PIS之间的接口功能是否与设计相符,并满足运营要求。 (2)通过综合监控系统与PIS设备的测试,确保实现综合监控系统对PIS系统的信息交互,保证太原地铁2号线运营工作的顺利进行。 (3)通过模拟综合联调,对运营操作及维修人员进行培训,提高检修人员技能,确保太原地铁2号线一期工程安全运营
ZT06	综合监控系统与ACS综合联调实施方案	(1)确保综合监控系统对门禁设备通信状态监视功能正常。 (2)确保综合监控系统对门禁设备单门、整个车站门禁开关控制功能正常。 (3)确保综合监控系统对门禁操作员操作记录、开关门使用记录统计功能正常。 (4)确保车站IBP在紧急情况下可以解锁门禁系统。 (5)确保综合监控系统与ACS之间的接口功能与设计相符,并满足运营要求
ZT07	综合监控系统与AFC综合联调实施方案	(1)验证IDCS与AFC之间的接口功能是否与设计相符,并满足运营要求。 (2)通过IDCS与AFC设备的测试,确保实现综合监控系统对AFC的监控功能正常,保证运营工作的顺利进行。 (3)通过模拟综合联调,对运营操作及维修人员进行培训,提高检修人员技能,确保太原地铁2号线安全运营
ZT08	综合监控系统与站台门(PSD)综合联调实施方案	(1)验证综合监控系统与PSD系统之间的接口功能是否与设计相符,并满足运营要求。 (2)通过综合监控系统与PSD系统设备的测试,确保实现综合监控系统对PSD系统的监视功能正常,保证太原地铁2号线一期工程运营工作的顺利进行。 (3)通过模拟测试,测试PSD系统的MMS是否能实现对PSD系统的监控功能

续上表

编号	主要名称	内容
ZT09	综合监控系统与PSCADA综合联调实施方案	(1)验证综合监控系统与PSCADA之间的接口功能是否与设计相符,并满足运营要求。 (2)通过综合监控系统与PSCADA设备的测试,确保综合监控系统通过PSCADA实现对供电现场设备的监测功能,保证线路调试工作的顺利进行。 (3)通过模拟综合联调,对运营操作及维修人员进行培训,提高检修人员技能,确保线路安全运行
ZT10	BAS系统与相关系统综合联调实施方案	(1)验证BAS系统与IDCS之间的通信接口功能是否与设计相符,并满足运营要求。 (2)通过对BAS系统与机电设备(包括各种设备控制点及设备状态点)的测试,确保实现BAS系统对现场设备的监控功能。 (3)验证BAS与IDCS点对应关系的正确性以及数据库记录的正确性和完整性
ZT11	FAS系统与相关系统综合联调实施方案	(1)确保FAS系统与综合监控系统之间的接口功能与设计相符,并满足运营要求。 (2)确保BAS、FAS系统对车站火灾模式控制命令的响应正常,联动关系的正确,IDCS收到反馈信息的正确。 (3)验证FAS系统与各接口系统动作、反馈功能正常,确保满足火灾模式联动
ZT12	综合监控系统与防淹门综合联调实施方案	(1)确保综合监控系统对防淹门设备的通信状态监视功能正常。 (2)确保车站IBP盘在紧急情况下可以解锁防淹门设备。 (3)确保综合监控系统与防淹门系统之间的接口功能与设计相符,并满足运营要求
DT01	供电满负荷运行综合联调实施方案	(1)检验供电系统与其他各系统之间的接口关系是否满足设计要求。 (2)检验供电系统设备在开通时最大行车密度和低压满负荷运行方式下,不同运行方式时各变电所、主变电站以及接触网系统的供电能力及相关电气参数测量。 (3)在各种运行方式下检验各系统设备功能,暴露存在的问题并协调解决,确定线路开通时相对优而且可行的正常运行方式以及故障运行方式的最佳倒换操作方式。 (4)检验各种运行方式下及设备故障时电调、变电所值班人员的反应和故障处理能力,提高员工素质,确保顺利开通
DT02	灾害模式下多系统联动测试综合联调实施方案	(1)验证BAS系统对IDCS车站火灾模式控制命令的响应情况,联动关系的正确性,IDCS收到反馈的正确性,确保各车站站内机电设备在火灾模式下的安全运营。 (2)验证BAS系统对IDCS区间火灾模式、阻塞模式命令的响应情况,联动关系的正确性,IDCS收到反馈信号的正确性,确保各区间机电设备在火灾模式、阻塞模式下的安全运营。 (3)验证FAS系统对火灾模式控制命令的响应情况,联动关系的正确性,IDCS收到反馈信号的正确性,确保各车站站内消防设备及消防关联设备在火灾模式下的安全运营

续上表

编号	主要名称	内容
DT03	PIS与车辆综合联调实施方案	(1)验证车辆与PIS之间的接口功能是否与设计相符,并满足运营要求。 (2)通过车辆与PIS设备的测试,检验PIS的各种工作状态以及各个车厢的监控功能,保证运营工作的顺利进行。 (3)通过综合联调,对操作及检修人员进行培训,提高检修人员技能,确保太原地铁2号线的安全运营
DT04	直流牵引系统非正常运行模式供电能力综合联调实施方案	(1)进行直流1 500 V牵引供电系统在各种非正常运行方式下的供电能力、相邻主变电所支援供电能力及相关参数测试。 (2)检验在各种非正常运行模式下,暴露存在的问题并协调解决,确定线路开通时可行的正常运行模式以及故障运行模式的最佳倒换操作方式。 (3)检验各种非正常运行模式下及设备故障时,电调、变电所值班人员的反应和故障处理能力,提高员工素质,确保顺利开通
DT05	通信无线集群与信号、车辆系统综合联调实施方案	(1)验证无线通信系统与综合调度指挥系统IDCS列车信息通信是否正常,接收报文消息是否正确、及时。 (2)验证正线行车调度和车辆段调度能否准确地与所管辖的列车进行无线通信。 (3)验证无线通信系统与列车广播系统之间的接口功能是否正常,无线广播与列车广播优先级是否正确
DT06	信号系统功能(联锁测试)综合测试实施方案	(1)检验正线信号系统联锁关系是否正确,联锁功能是否完整且满足信号系统合同技术要求。同时使信号维护和操作人员在此过程中进一步熟悉信号联锁功能及特点。 (2)通过此次测试,及时将暴露出来的问题与设备厂家、施工单位等相关单位进行协调处理
DT07	信号系统功能(ITC模式)综合测试实施方案	(1)检验太原地铁2号线一期工程正线信号系统点式(ITC)控制功能是否正常,是否满足信号系统合同技术要求。同时使信号维护和操作人员在此过程中进一步熟悉信号系统点式功能及特点。 (2)通过此次测试,及时将暴露出来的问题与设备供应商等相关单位进行协调处理
DT08	信号系统功能(CTC模式)综合测试实施方案	(1)开行列车上线运行,检验全线信号连续式通信(CBTC)模式功能是否正常,能否满足运营的需要。 (2)通过此次测试,及时将暴露出来的问题与设备供应商等相关单位进行协调处理
DT09	全线列车最大运行能力测试方案	检验信号系统是否满足全线高密度行车的能力(ITC模式下最小行车间隔为210 s,CBTC模式下最小行车间隔为90 s),以及高密度行车下信号系统的稳定性。同时检验运营相关部门和岗位是否熟悉作业程序、联动是否协调
DT10	信号、车辆与站台门综合联调实施方案	(1)用列车实际上线运行,检验信号系统与车辆、站台门系统接口功能是否正常,能否满足运营的需要。 (2)通过测试发现系统存在的不足及问题。 (3)通过此次调试,及时将暴露出来的问题与相关单位进行协调处理

续上表

编号	主要名称	内容
DT11	全自动驾驶运营场景功能验证实施方案	(1)全自动驾驶的列车上线运行，检验全自动运行系统功能是否能够实现，能否满足运营的需要。 (2)通过此次测试，及时将暴露出来的问题与设备供应商等相关单位进行协调处理
DT12	电磁兼容测试方案	(1)全面检测太原地铁2号线弱电设备抗电磁干扰能力。 (2)通过评估，确保太原地铁2号线运行时设备安全可靠

3. 综合联调组织

鉴于太原地铁2号线一期工程动车调试和综合联调管理及服务工作的必要性、紧迫性和复杂性，由建设单位牵头成立综合联调指挥部，主要负责太原地铁2号线一期工程综合联调管理工作，通过综合联调使该线达到设计要求，满足试运营条件。

综合联调工期规划：综合联调准备阶段为2020年1月1日～2020年5月31日；综合联调调试阶段为2020年6月1日～2020年8月31日；试运行阶段为2020年9月1日～2020年11月30日；开通试运营为2020年12月31日。

综合联调指挥部按领导决策层、管理协调层和现场执行实施层进行多级管理；现场执行实施层下设中心调度室、动车调试室、综合调试室、安全保障室、后勤保障室、各参建单位、设备集成商等，全面负责综合联调期间各专业间的统筹与协调，负责现场的调试组织与管理、轨行区施工管理、调试期间的安全保卫、后勤保障等工作。在综合联调期间各施工工区、各设备厂家和集成商，统一听从联调指挥部指挥，密切配合共同完成综合联调及测试。综合联调组织机构如图3-2所示，综合联调问题管理流程如图3-3所示，总体协调组职责如下：

(1)根据调试工作的需要和不同专业的要求，确定各职能部门负责和参加系统调试的人员，并授予相关的职责和权利。

(2)审定综合联调实施单位提交的联调总体方案和各联调项目实施方案。

(3)审批综合联调实施过程中的计划安排、技术调整和综合联调中的阶段性成果及最终成果。

(4)指导、敦促和检查各职能部门为调试提供必要的条件。

(5)定期召开综合联调参建方主要负责人联席会议，对综合联调中出现的重大问题进行分析，做出决策。

(6)负责调试阶段与有关单位(市质监站、消防局、环保局、档案局、检测评估单位、供电公司等)的沟通和联系工作，协调各方关系及资源。

(7)根据调试发现问题，完善有关规章制度。

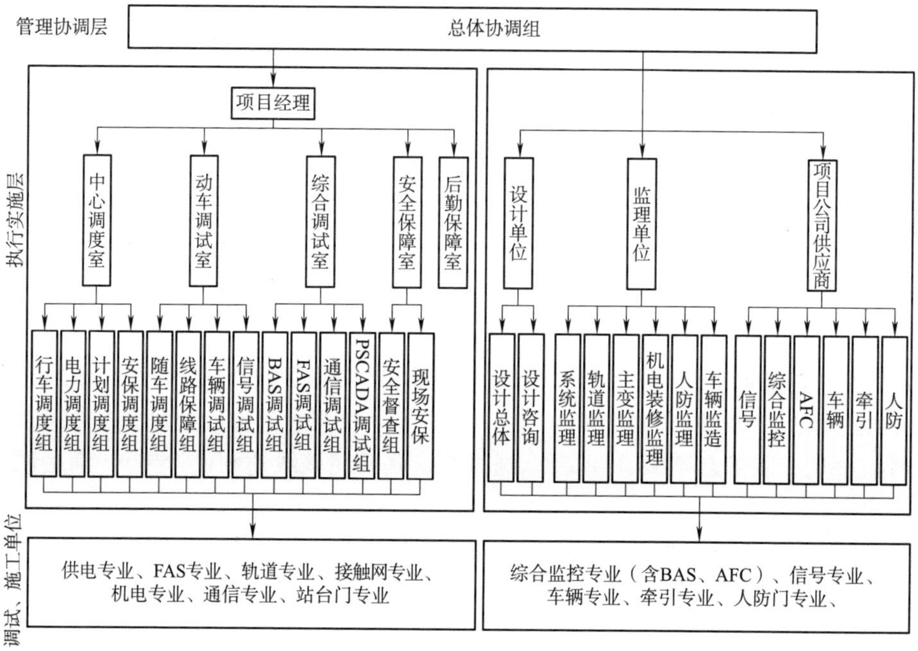

图 3-2　联调组织机构

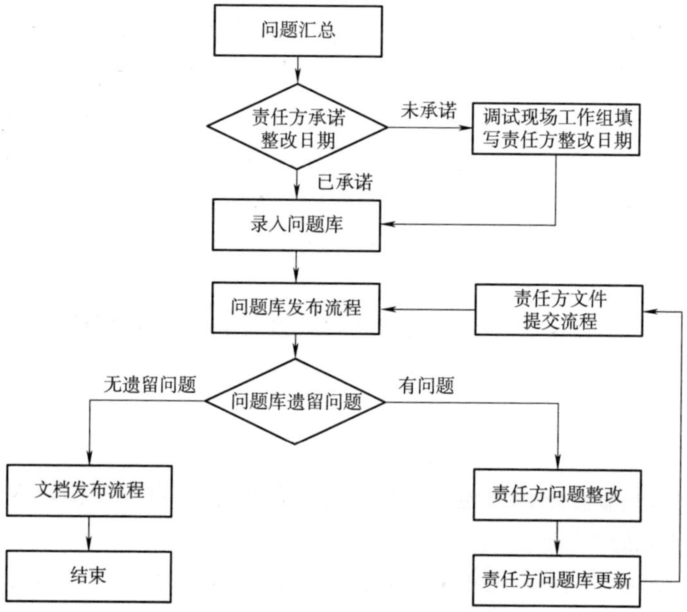

图 3-3　综合联调问题管理流程

(8)参与综合联调方案的策划并组织综合联调方案的实施(落实调试内容、参加单位人员、时间安排、需要条件、安全措施及运行调度等)。

(9)分析各子系统的技术条件和接口功能,审核、批准机电系统功能验证、运营演练、可靠性检测调试大纲、调试细则等文件,包括调试目的、调试项目、调试遵循标准、调试步骤、调试时间安排、调试人员要求、调试所需检测设备和调试记录表格等。

(10)监督和督促供货商、安装承包商、设计、监理等单位按合同要求履行各自承担的责任,相互配合完成综合联调任务。

(11)对调试中的系统功能测试和各项演练的结果及时组织评估,如遇技术问题,协调设计、设备供应商和安装单位分析原因,并尽快进行整改,以减少对调试整体计划的影响。若因部分子系统单调和内部调试滞后或其他技术问题而不能按计划完成时,可上报系统调试领导小组,对调试目标和计划进行修改。

(12)建立必要的通报机制、监控手段、奖惩制度、审批程序,以保证综合联调过程中信息畅通、反应灵敏、落实快捷。

(13)负责督促综合联调整体进度,确保任务目标按期完成。

(14)主持系统总调试完成后的验收工作。

4. 综合联调经验与总结

(1)建立联系机制、摸清并收集各专业单系统调试完成情况及前期调试资料;以常规机电、综合监控及消防系统施工进度为前提,全面调查现场施工进度,根据整体进度细化具体的联调计划;提前做好样板站,确定各专业接口功能,明确各专业设备点位表及模式,节省后续接口调试问题。

(2)以与消防验收有关的系统及设备着手开始车站设备调试,完成综合监控服务器及工作站的搭建后,进行综合监控与BAS/FAS通信接口的调试工作,形成车控室对环控设备的站级监控。

(3)以与消防验收时需联动的正常工况及火灾模式为切入点,开始BAS系统与机电设备风机风阀及环控柜的调试工作,从而进行整体车站的各项模式验证;以消防验收时需联动的设备进行突破,进行FAS系统与其他设备系统的联动调试工作,并完善FAS系统在火灾模式时需联动的风机风阀设备调试,再进行车站的整体冷烟火灾联动验证。

(4)以实现电力系统中心级程控功能,进行IDCS与PSCADA的调试;以满足专家试运行验收条件,进行车站其他设备系统的调试工作,满足设备功能全实现。主要完成BAS系统与电系统、水系统设备调试工作;完成IDCS与PA/PIS/ACS/AFC/PSD专业调试工作;以保障试运行为基础条件,重点完善乘客IDCS与电扶梯、动车运行条件保障IDCS与区间水泵、中心级区间模式验证的调试工作。

(5)静态联锁调试:通过集中站的操作员工作站,对联锁区的室外转辙机、道岔、信号机等设备的操作,并将道岔位置、信号机的开放情况与联锁表进行核对,检验进路联锁关系的正确性和人机界面与轨旁的一致性。

(6)动态联锁调试:通过列车上线以联锁控制级别运行的方式,检验进路的排列、占用、自动解锁等功能。

(7)ITC 模式调试:通过多列车上线,以点式 ATP 驾驶模式,进行系统防护、紧急停车按钮、扣车和跳停等测试,检验全线信号点式通信(ITC)模式功能的准确性,进行折返间隔测试。

(8)CBTC 模式调试:通过多列车上线,以连续式通信级列车控制(CBTC)模式,验证系统防护、紧急停车按钮、扣车、跳停、ATS 功能是否实现,检验全线信号连续式通信模式功能的准确性,进行折返间隔测试。

3.7 验收管理

1. 验收组织机构

太原地铁 2 号线一期工程验收工作由太原市市政公用工程质量监督站、太原市建设工程质量监督站负责全过程监督。

建设单位具体负责验收相应事宜,验收组组长由太原中铁轨道公司总经理担任,副组长由副总经理担任,其他成员由公司各部门相关人员组成,并邀请国内相关专家成立验收专家组,专家组具有一票否决权。

工程验收严格按照国家和太原市发布的有关工程建设的法律、法规、规章和标准以及批复的设计文件(含变更)、合同、协议、会议纪要等文件进行,并邀请业内专家进行严格评审,质量监督站全过程监督,为太原市轨道交通行业验收标准及流程打下深厚基础。

2. 验收程序

验收程序一般分为四个步骤,分别为单位工程质量验收、专项验收、项目工程质量验收及竣工验收。其中单位工程质量验收、项目工程质量验收、竣工验收依次进行,专项验收一般于项目工程质量验收前全部完成。验收流程如图 3-4 所示,地铁 2 号线一期工程验收会如图 3-5 所示。

3. 消防验收

太原市消防专项验收工作由太原市行政服务审批局负责,具体验收流程如下:

(1)工程竣工后,向太原市行政服务审批局提出工程竣工消防验收申请,领取消防验收准备资料清单。

(2)按照消防验收准备资料清单进行资料准备,在审批局受理窗口提交工程消

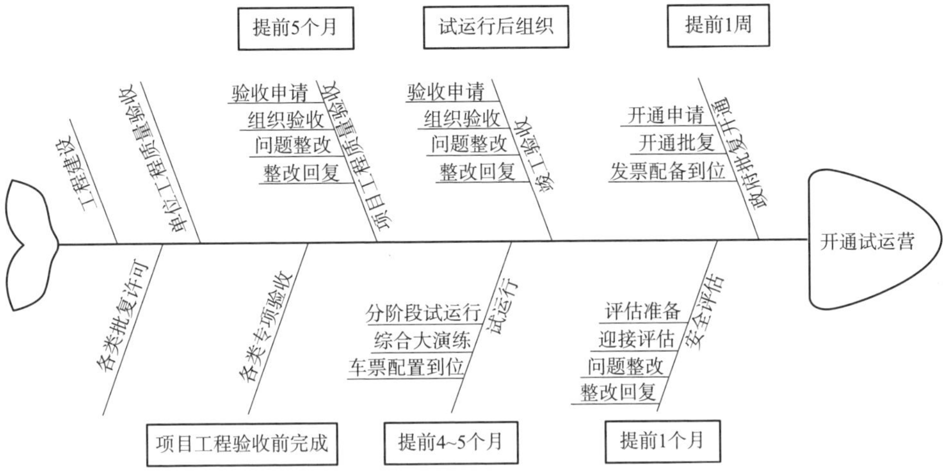

图 3-4 验收流程图

图 3-5 地铁 2 号线一期工程验收会

防验收申请材料，经形式审查材料齐全后，受理窗口出具《建设工程消防验收申请受理凭证》。

(3)审批局在受理消防验收申请之日起 15 个工作日内组织消防验收，2020 年 12 月 8 日～9 日，审批局组织专家形成验收专家组，对工程进行消防验收，包括资料审查和现场抽样检查及功能测试，根据专家意见，审批局同意工程通过消防验收。

(4)审批局出具《消防验收意见书》。

4. 人防验收

太原市人防工程专项验收工作需由太原市行政审批局及太原市人民防空办公室共同见证参与，具体验收流程如下：

(1)工程开工前，由人防质监站进行第一次现场监督检查，后续定期对现场施工情况进行质量监督。

(2)工程竣工后，建设单位需组织施工单位自验、监理单位检验合格的基础上，提前邀请太原市人民防空办公室监督竣工预验收，并按有关要求对现场进行检查。

(3)对符合验收条件的由建设单位向太原市行政服务审批局提交《人民防空工程竣工专项验收申请报告》申请正式验收。

(4)太原市行政服务审批局受理后，沟通确定具体验收时间，由建设单位拟写验收通知，邀请太原市行政服务审批局及太原市人民防空办公室共同进行验收。

5. 防雷接地验收

太原市防雷接地专项验收工作由太原市行政服务审批局负责，具体验收流程如下：

(1)工程竣工后，向太原市行政服务审批局提出工程防雷竣工验收申请，领取防雷竣工验收准备资料清单。

(2)按照防雷竣工验收准备资料清单进行资料准备，在审批局受理窗口提交防雷竣工验收申请材料，经形式审查材料齐全后，受理窗口出具《防雷装置竣工验收受理凭证》。

(3)审批局在受理防雷验收申请之日起 10 个工作日内组织防雷验收，包括资料审查和现场检测，审批局同意工程通过防雷验收。

(4)审批局出具《防雷验收意见书》。

6. 特种设备验收

城市轨道交通特种设备包含电扶梯、压力容器、起重机、叉车等，由山西省特种设备监督检验研究院对现场特种设备进行验收，由设备所属区行政审批局发放《特种设备使用登记证》及《特种设备使用标志》，具体验收流程如下：

(1)设备安装调试及装修收边收口完成后，先由厂家自检，监理单位监督。

(2)自检完成后，按照山西省特检院要求，报送自检报告等资料申请检验。

(3)山西省特检院现场验收合格后，一般 7 个工作日内出具检验报告。

(4)检验报告出具后按照各区行政审批局要求填报相关材料，办理使用登记手续。一般材料受理后 30 个工作日内发放《特种设备使用登记证》及《特种设备使用标志》。

7. 工程档案验收

工程档案是将对工程建设有关的重要活动、记载工程建设主要过程和现状、具有保存价值的各种载体的文件，收集齐全，整理归档。一般验收程序如下：

(1)工程项目竣工验收前，监理单位、施工单位档案管理人员应对单位形成的档案按照有关规定进行自行验收，报建设单位审查。

(2)建设单位汇总各监理、施工单位报送的工程档案后，档案管理人员应对各单位报送的和本单位形成的工程档案按照有关规定进行审核和自行验收，向城建档案管理机构及太原市行政审批服务管理局填报“申请表”。

(3)城建档案管理机构及太原市行政审批服务管理局接到“申请表”后对申请进行核查，申请符合规定的，应自收到“申请表”之日起10个工作日内进行验收。

(4)工程档案验收合格后，由太原市行政审批服务管理局在验收后5个工作日内发出《建设工程档案验收合格证》。

(5)工程档案不符合国家法规、规范和城建档案有关规定，未能通过验收的经整改后依照以上程序重新申报。

8. 卫生专项验收

卫生专项验收是对地铁各站点与乘客健康相关的公共区，即车站内供乘客进行售检票、通行和乘降的区域，包括站厅和站台以及其空调通风排气系统的卫生环境进行检测与整治。一般验收程序如下：

(1)委托市疾控中心进行开展此项工作；

(2)成立评价项目组并进行开展前准备工作；

(3)对危害因素进行分析；

(4)对项目工作卫生进行分析；

(5)对各评价单元进行分析评价；

(6)对得出的结论、评价、整改进行评价结论及建议提出；

(7)编制卫生学评价报告。

9. 票价批复验收

2020年6月，按照太原市人民政府的统一安排，太原市发展改革委牵头会同太原市交通局、太原市财政局、太原市轨道交通建设服务中心、太原中铁轨道公司组成了太原地铁2号线票制票价制定工作小组，并制定了《太原市轨道交通2号线票制票价工作方案》。工作方案确定后，工作小组组织相关部门赴贵阳、南宁、南昌、兰州实地考察，学习借鉴当地轨道交通票制票价制定的相关经验，形成调查报告，随后太原中铁轨道公司对太原地铁2号线票制票价进行成本调查，并形成成本调查意见。根据调查报告、成本调查意见，形成太原地铁2号线票制票价初步方案。初步方案提出后，通过媒体广泛听取社会意见，并邀请省内外专家进行论证，其中通过互联网收到公众意见表约7.49万份，现场调查问卷3 500余份，2020年10月15日，由太原市发展改革委和太原市交通局共同组织了“太原地铁2号线票制票价听证会”。根据专家论证、听证会和社会公众意见，对《太原市轨道交通2号线票制票价初步方案》进行修改。同时对方案开展了社会稳定性评估，并按照规定向有关部门进行报备。按照定价程序，经太原市发改委审议，并报市政府同意，形成了《关于太原市轨道交通2号线票制票价的批复》(并发改收费字〔2020〕270号)文件。

10. 安全验收

由北京达飞安评管理顾问有限公司在2020年11月23日～24日对太原地铁2号线一期工程进行初期运营前安全评价,并于2020年11月30日出具安全评价报告,报告认为太原市轨道交通2号线一期工程符合相关法律、法规、规章、标准、规范及有关规定的要求,具备初期运营安全条件。

此项验收由建设单位委托第三方进行,通过后向市应急管理局进行报备。

11. 环境保护验收

委托山西省交通环境保护中心站(有限公司)在2020年11月26日,对太原地铁2号线一期工程初期运营前环保工程进行验收。经专家论证:太原地铁2号线一期工程环境影响报告书经中华人民共和国环境保护部批复,环保手续齐全。建设过程中执行了"三同时"制度,按照环评及批复要求落实污染防治措施、生态保护及恢复措施。验收组一致同意太原地铁2号线一期工程通过初期运营前验收。

此项验收由建设单位委托第三方进行,通过后向太原市环保局进行报备。

12. 轨道交通控制保护区(暂行)

2020年11月,由太原轨道公司组织中铁第六勘察设计院集团有限公司进行设置保护区界限标识牌工作。

根据《城市轨道交通运营保护区安全管理技术规范》(T/CSPSTC 44—2019)、《城市轨道交通初期运营前安全评估管理暂行办法》(交运规〔2019〕1号)要求综合考虑太原市城市景观效果,太原市轨道交通2号线一期工程保护区标识实际布设原则如下:

(1)保护区标识分为地面标识牌、地面标识桩、粘贴式标识牌和警示公告牌四种。

(2)市区道路采用地面标识牌,园林、郊区采用地面标识桩,地铁线路下穿铁路、公路桥梁时采用悬挂式标识牌,警示公告牌与出入口地徽柱、人防标识进行整合,设置于沿线车站各出入口地徽柱表面,每根地徽柱上安装2块。

13. 轨道交通运营管理办法

为了规范太原市轨道交通运营管理,保障运营安全,促进城市轨道交通行业持续健康发展,根据国务院办公厅《关于保障城市轨道交通安全运行的意见》(国办发〔2018〕13号)、交通运输部《城市轨道交通运营管理规定》(交通运输部部令2018年第8号)等有关文件,2019年12月,太原中铁轨道公司向太原市轨道服务中心去函建议协调太原市相关单位共同推进《太原市城市轨道交通运营管理办法》制定工作。2020年7月,太原市交通运输局制定了《太原市城市轨道交通运营管理办法》(征求意见稿),并征求相关单位意见。2021 年 1 月,太原市人民政府《太原市城市轨道交通运营管理办法》(市政府令第 93 号)正式发布,对太原市行政区域内地铁、轻轨等城市轨道交通的运营以及相关管理活动进行了规范,使得太原市轨道交通运营管理各个方面的工作都“有法可依”,为持续推进太原市轨道交通运营管理水平奠定基础。

14. 公安验收

公安验收范围主要为公安楼 C 区一层公安派出所机房、B 区三层公安中心机房及网管室、全线车站公安通信机房及警务室,对公安视频、无线、计算机网络、专用电话与市局互联互通功能进行测试验证。具体由建设单位进行组织,并邀请太原市公安局相关业务部门参加,一般验收程序如下:

(1)编制专项验收方案;

(2)召开验收会议;

(3)分组检查验收;

(4)各验收组出具小组验收意见;

(5)各组汇总形成整体验收意见;

(6)形成最终验收意见。

15. 验收工作总结与建议

自全面开工以来,太原中铁轨道公司以高标准、高质量、高效率的要求推进工程建设收尾工作,并在山西省委、省政府、太原市委、市政府、市各职能部门的大力推动下,各参建单位携手攻坚。经过全体参建人员全力以赴的奋战,按既定时间节点先后完成单位工程验收、项目工程验收、试运行、专项验收、竣工验收等关键目标。

在工程验收过程中政府监督机构承担了很大压力,定标准、定程序、定结论无不是严峻考验,验收过程中,建设单位与监理单位是守住验收标准与底线的单位,务必严格把关,任务艰辛;施工单位面临施工工期压力的同时,也要保障施工质量,对不符合验收标准的工程,做到随时发现,立即整改。

在太原地铁 2 号线验收工作顺利完成后,建议验收监督机构根据国家工程质量验收规范文件、地铁 2 号线验收工作经验,完善太原市轨道交通质量验收标准文件,为后续地铁建设验收工作提供有力保障。同时,地铁 2 号线建设单位、监理单位、施工单位应将验收过程中发现的问题、难题、疑题仔细梳理,并编制验收总结,也为后续地铁建设验收工作提供参考。

4　车辆及机电系统设备安装施工

4.1　全自动运行线路系统特点

根据目前国内外城市轨道交通新技术研究、应用成果及发展趋势，太原市城市轨道交通 2 号线一期工程作为太原市轨交线网的第一条建设、运营线路，积极应用全自动运行系统，相比传统驾驶模式，全自动运行系统的技术优势包括：

1. 提供更高的安全性和可靠性

全自动运行系统利用高效、集成、智能化列控系统，结合人工监视、干预的机制，完成高精度列车运行的同时，可减少不必要的人为误操作，大大提高了系统安全性。全自动运行系统的车辆、信号以及车辆与控制中心的通信系统均采用冗余互备技术，减少运行故障，具备更完善的故障自诊断和自愈功能，提高了整个系统的可用性和可靠性。

2. 提升车辆运行效率

全自动运行线路相比传统线路能显著提高行车效率，提升平均旅行速度，降低行车间隔。经初步核算，自开通以来 2 号线一期工程平均出入库能力较传统线路提升 19%，准点率为 99.97%，兑现率为 99.99%，各方面指标均优于国外同类型项目，运输组织和运营管理水平有所提升。

3. 节省设备系统全生命周期运维投资，降低运营成本

全自动运行系统可根据客流量变化，动态调整列车运行计划。通过对多场景下车辆能耗的统计，分析出不同列车在不同运行条件下的最佳速度控制曲线，指导调度员基于客流变化后选择不同的运行曲线，在满足运能的情况下，实现了牵引能耗节能近 8%。

4. 优化人力资源配置，降低运营人员劳动强度

全自动运行系统提高了系统的自动化程度，增强设备的自诊断功能，加强运营维护功能，降低运营人员劳动强度，特别是将司机从重复作业中解放出来，列车上配置运控员，监视列车运行状态，其劳动强度极大减低。

5. 实现列车运行全过程的自动安全防护

增强运营人员防护功能，在车站及车辆段增设人员防护开关，对进入正线及车场自动化区域人员进行安全防护；增强乘客防护功能，对乘客上下车及车内安全进

行防护；扩大信号 ATP 子系统的防护范围，对车场自动化区域内列车运行进行 ATP 防护；增加轨道障碍物检测功能，车上加装脱轨/障碍物检测器实现轨道障碍物检测功能；增强应急情况下多个系统联动功能，如火灾情况下，通风、行车、供电、视频、广播的联动等。实现列车运行除正线外（包括车辆段、停车场），各种运行工况（正常和异常）全过程的自动安全防护。

4.2 信号工程

4.2.1 概　　述

信号系统是列车全自动运行系统控制核心系统，是控制列车运行，保证行车安全，提高运输效率，传递行车信息，改善行车人员劳动强度的关键设备，如图 4-1 所示。信号系统采用基于无线通信技术的移动闭塞系统，正线运行、列车出入库及段/场内全自动区域运行，均实现全自动运行系统。

信号系统由 ATS 子系统、ATP 子系统、ATO 子系统、CI 子系统、DCS 子系统、维护监测子系统、培训子系统组成。按所处地域划分包括控制中心、地面、车载设备和车辆基地设备。车辆基地信号设备包括车辆段/停车场信号楼设备、停车列检库设备、试车线设备、培训中心设备。

太原地铁 2 号线信号系统配置和功能、信号与车辆、综合监控、通信、站台门等系统的接口满足全自动运行系统的运营需求。相较于传统信号 CBTC，全自动运行系统信号系统主要变化为：

（1）正线和车辆段自动控制区域具备全自动运行系统功能，包括休眠、唤醒、自动进出段、自动进站停车、自动开关门、自动发车、自动折返、自动洗车和自动调车作业等，列车正线行驶如图 4-2 所示。

（2）车辆段内的信号系统配置满足全自动运行系统和有人驾驶的作业需要。

（3）正线和车辆段具备全自动运行系统和人工驾驶的转换，并提供防护。

（4）当停站误差超过规定的精度时，信号系统与车辆配合实现自动对位调整，从而替代人工驾驶的对位调整操作。

（5）与车辆配合，实现车辆及其他车载设备的发车前测试、运行工况控制等功能。

（6）提高系统冗余设计，ATO、ATS 的安全完整性等级满足 SIL2 级要求。

（7）增强系统维护监测功能，信号车载设备的状态实时上传维护监测系统。

（8）以行车指挥为核心，信号 ATS 子系统与综合监控系统集成，密切围绕行车服务这一核心目标，将 ATS、PSCADA、BAS 等与行车指挥密切相关的系统紧密联系，提升轨道交通运行系统的整体自动化水平。

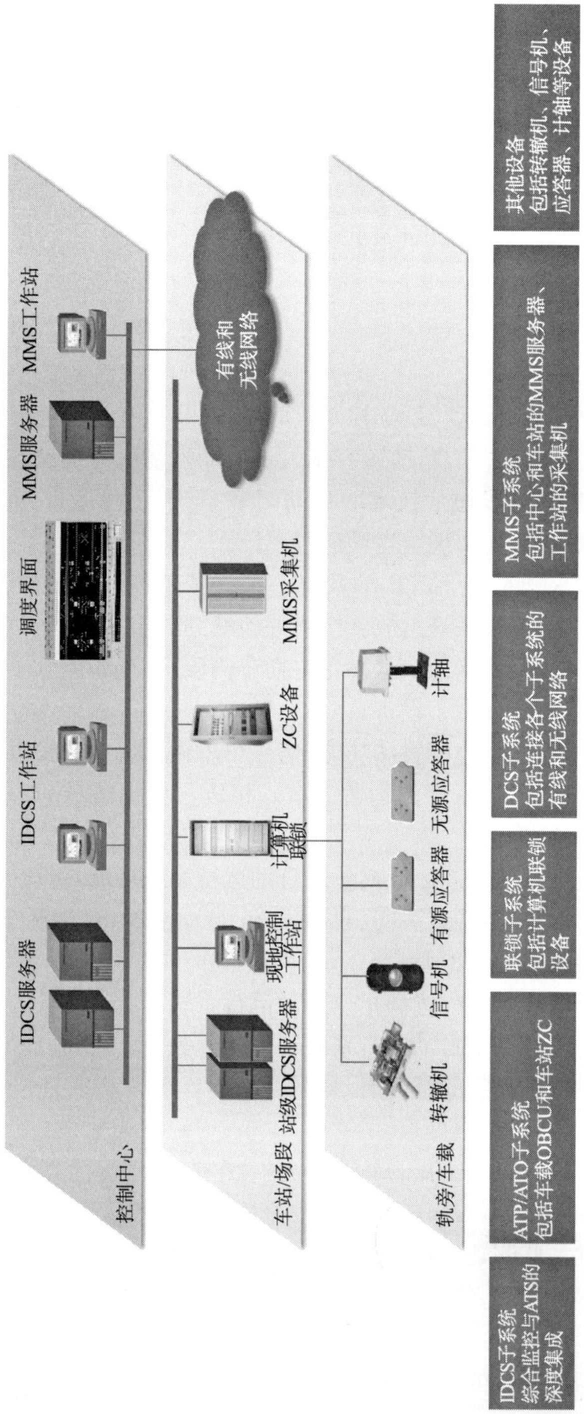
控制中心
IDCS服务器
IDCS工作站
调度界面
MMS服务器
MMS工作站
车站/场段
站级IDCS服务器
现地控制工作站
计算机联锁
ZC设备
MMS采集机
有线和无线网络
轨旁/车载
转辙机
信号机
有源应答器
无源应答器
计轴
IDCS子系统
综合监控与ATS的深度集成
ATP/ATO子系统
包括车载OBCU和车站ZC
联锁子系统
包括计算机联锁设备
DCS子系统
包括连接各个子系统的有线和无线网络
MMS子系统
包括中心和车站的MMS服务器、工作站的采集机
其他设备
包括转辙机、信号机、应答器、计轴等设备

图4-1 信号系统构成

图 4-2 列车正线行驶图

4.2.2 设备安装及调试

1. 轨旁设备安装

1)道岔安装

(1)道岔岔尖(第一连接杆中心)前后偏移不得超出 20 mm。基础角钢(托板)应与直股基本轨垂直,转辙机应与基础角钢(托板)中心延长线垂直,两基础角钢(托板)中心必须平行,预留基坑、预留沟槽、枕木空等应满足基础角钢(托板)、外锁闭装置、密贴调整杆及表示杆的安装与调整。

(2)基础角钢、托板中心线应垂直于直股基本轨,密贴调整杆,表示杆应垂直于直股基本轨,转辙机的动作杆与密贴调整杆安装应在同一条直线上,并与表示杆、道岔第一连接杆平行。

(3)所有经过轨底的杆件,距离轨底面净距离应不小于 20 mm。

(4)各种连接杆的调整丝扣露出螺帽外的余量应不小于 10 mm。垫圈、垫片、防转扣碗、开口销应齐全。开口销切劈开 120°为宜。

(5)各部件绝缘安装正确,不遗漏,不破损,各部螺栓垫片、弹簧垫齐全,紧固要达到规定的扭矩。

2)计轴设备安装

调查现场轨道铺设情况,确定钢轨是否已经锁定。线路钢轨锁定后,根据设计信号平面设备布置图,采用红外线测量仪准确测量出计轴点的安装位置,用记号笔在轨腰的中部和轨面上做好标记,该标记即为计轴点的安装中心位置,确定安装计轴点时要注意计轴点的安装位置不要在固定钢轨的扣件处,遇到此种情况,可以根据设计要求移设位置,一般可移设距离为 0～500 mm,安装在两枕木的中间位置上,将测量各轨道区段计轴点位置测量好后并作以标记。

计轴磁头是由双置车轮探测器组成，分为发送(TX)和接收(RX)两部分，组装时将磁头较高的部分安装在钢轨外侧为发送探测器，靠线路中间侧安装接收探测器。计轴设备安装时，所有金属部件均用绝缘材料与钢轨隔离，与轨腰贴住部分应加绝缘板，紧固螺栓要穿好绝缘管，并把磁头所带的电缆线穿上保护软管。

3)应答器安装

依据线路的基标确定应答器的安装坐标，主要采用红外线测距仪进行定位，按照设计施工图的坐标，在线路附近先找到基标，将红外线测距仪放在轨面上，调整好测量方式，再将红外线反光板放到和设计坐标接近的坐标处，打开红外线测距仪，先测出大概距离，再通过调整反光板找出精确位置，在轨腰处做好标记，为应答器安装中心。

应答器安装完成后，必须进行检查调整。用水平尺和钢尺测量应答器固定托板与基本轨两侧的距离，以及应答器到轨面的距离，不符合标准时要进行调整，使应答器固定板与运行轨平行并保证两者的左右、前后及距离轨面距离满足设计要求，距离轨面距离应不小于 5 mm。

2. 系统调试

信号系统在部署到太原地铁 2 号线现场前，在实验室进行了 16 轮 ATS 系统测试(每轮 500 多个测试项)、16 轮 ZC 子系统测试(每轮 1 000 多个测试项)、12 轮 CBI 子系统测试(每轮 10 000 多个进路测试项)、16 轮 OBCU 子系统测试(每轮 200 多个测试项)，提升了现场软件质量及测试效率。

系统安装测试包括全自动运行信号系统的各个子系统的设备安装测试流程及轨旁设备的安装测试流程。

车载设备的系统安装测试需要在每辆列车上的车载设备进行，测试不需要动车，即静调测试。这是为了验证信号系统车载设备的安装正确性及其和车上其他设备之间的连接状况。车载 TAU 单元正确安装的测试也在车载设备安装测试范围内。

轨旁设备包含计轴、应答器、信号机、道岔、站台门、紧急停车按钮等。轨旁安装测试在每个集中站设备房内并对所有沿线路安装的设备进行测试，以验证其安装、设置及设备与其他轨旁设备之间的交互是否正确。

控制中心设备的安装测试将对位于工程信号系统控制中心各子系统设备进行测试，以验证其安装、设置及其与信号系统有接口的其他设备连接(外部接口)的正确性，如图 4-3 所示。

在系统现场安装测试结束，并在工厂验收测试中已经达到质量目标，可以开始子系统现场验收测试。子系统包含 DCS 子系统、联锁子系统、区域控制器子系统、车载子系统、ATS 子系统、试车线、培训设备、信号维护监测子系统、电源设备。

图 4-3 太原地铁 2 号线控制中心

考虑到各个子系统的功能分配特点，数据通信子系统(DCS)为所有子系统提供基础的通信服务，并且相对独立，DCS 的验收测试一般在其他信号子系统验收测试开始之前完成。

因为车载子系统的特殊性，车载子系统的测试分为静调测试和动调测试，其中静调测试在安装测试中完成，动调测试涉及动车安全，在联锁子系统验收测试完毕且通过后才能开始。

4.2.3 经验与总结

1. 信号接口管理施工经验

在建设初期车辆段与出入段线的信号联锁控制区以 JD1/JD2 信号机为界，车辆段与出入段线的接触网分界点与 JD1/JD2 信号机偏差约 200 m(出入段线的接触网分界向车辆段延伸约 200 m)。若信号联锁控区分界点与接触网分界点不一致，对后续运营存在安全隐患，易导致正线与车辆段的行车组织、施工作业组织产生人电、车电冲突，造成安全事件。为规避此类风险，施工过程中要确保信号联锁控区分界点与接触网分界点一致。

2. 施工建议

(1)设备房间移交注意孔洞、管线的预留，地面环氧树脂漆、墙体刮白、门窗完成，避免设备进场交叉施工和地面产生灰尘。

(2)全线信号电缆数量多、分布广、存放空间有限，现场需提前调查每个站的电缆存放位置，避免电缆到货无位置存放进行二次倒运。

(3)敷设电缆前调查吊装口封闭时间节点，制定材料吊装计划，与装修单位协商站台层电缆存放位置，避免吊装口封闭材料无法进入轨行区，增大后期运输量和敷设工作量，针对吊装口大面积封闭情况采取轨道倒运运输(前提需轨道铺设完成)。

(4)太原地铁2号线综合支吊架分两家施工单位进行施工，现场出现交叉施工情况。例如：动照、通信、综合监控、信号等线槽安装过程中出现位置占用、线槽交叉，造成大量返工及各单位协调工作量增加。建议统一规划进行综合管线深化，并由一家单位统一施工。

3. 管理经验

(1)主要针对质量、工期方面加强施工管理过程质量控制。对于质量控制，应在设计环节做好各项联络；施工单位要按照标准开展施工；监理单位做好各个方面的监督检查，如果发现存在质量问题要及时通知施工单位整改；对于工期控制，应制定工期进度，按照工期开展各项工作。

(2)在项目初期要对用户需求书进行详细审核，如施工用户需求书和设备用户需求书由两家单位提供，则要将用户需求书进行彻底分化，避免后期施工过程出现分歧争议。

(3)要严格按照施工工艺流程进行施工，避免出现因施工顺序错乱导致返工。

(4)施工过程中要经常与设计单位、施工单位(设备供货商)沟通，对施工过程中出现的问题进行现场交底。

(5)信号系统测试要有详细的测试计划，并严格按照工期进行测试分解。相关工作如网络安全等保和RAMS认证要提前做好准备并及时跟进状态。

(6)信号系统升级过程需严格按照请销点进行作业，同时要有完善的升级方案。

4. 系统特点

(1)太原地铁2号线支持GoA4等级的全自动无人驾驶列车运行，采用全自动化车辆段，具备自动休眠/唤醒、自动发车测试、车辆段自动调车、自动洗车、正线全自动运行、故障场景自动联动等功能，其自动监控系统(ATS)、综合监控系统(ISCS)、AFC、车辆智能运维系统等弱电系统都部署在云平台上，统一考虑计算、网络、存储和安全。云平台的RAMS指标(可靠性、可用性、可维护性、安全性)完全满足全自动运行系统的运行。

通过引入云计算技术，采用能充分利用计算、存储资源的虚拟化技术，搭建统一的城轨云平台，可显著提高系统资源利用效率，大量减少硬件配置容量。充分提高系统硬件资源的利用率、节省耗电成本和空间成本，从全生命周期降低工程总体造价及运营成本。

站在城市轨道交通线网层面来统筹考虑，自动化系统的建设需要为线网网络化运营服务，则必须实现更大范围的信息共享，更高程度的系统集成，最终提高整个工程的建设水平及整体管理运营水平。通过搭建高效的统一融合云平台，在建设时期就实现轨道交通线网的应用平台、通信机制、数据管理及应急指挥统一，避免不同线路系统间通信壁垒、数据结构不一致、应急体系不统一,防止对线路间的跨线数据交互、通信联动、数据管理及应急指挥的实现造成制约,从而支持网络化资源管理、对外信息服务、数据管理及分析以及应急会商决策。

(2)太原地铁 2 号线信号系统中的列车自动监控子系统(ATS)与综合监控系统采取统一技术平台、信息全面整合的技术方案。通过充分的信息整合,形成以行车指挥为核心的城市轨道交通主要系统(信号系统、供电系统、环境与机电设备监控系统、闭路电视系统、广播系统)间的联动,打造综合调度指挥系统 IDCS,实现对列车、供电、机电设备、环境控制、乘客服务的全面控制。解决了传统地铁弱电系统设备重复分散,参建厂商多,系统资源利用率低,运维成本高;应用软件需要定制开发,开发慢、成本高;外围系统接口复杂;业主个性化需求难以满足等缺点。

IDCS 系统集成 ATS、ISCS、PSCADA、BAS 等子系统,采用主备、冗余、分层、分布式 C/S 结构,TCP/IP 协议。IDCS 系统满足安全等级 SIL2 级要求,按照边界设防、区域隔离的原则,采用行之有效的故障隔离和抗干扰措施,满足信息安全等保三级的要求。

整个 IDCS 系统建立在统一软件平台基础上,搭建 ATS、PSCADA、BAS 等不同的业务应用功能,不同的业务功能遵从统一的平台接口协议。IDCS 系统采用统一的实时服务器、历史服务器、通信接口服务器和培训服务器,进行数据存储和处理,前台采用统一的调度/值班员工作站,用于信号和机电设备的监控。IDCS 系统采用工业以太网骨干网的方案,ATS 功能、PSCADA 功能、BAS 功能等统一部署在工业以太网交换机组成的骨干网络中,通过信号接口实现 IDCS 与 CBI/ZC/OBCU 等信号系统互联,既保证整个系统的交互性,又保证信号系统的安全性。

(3)为了更好地完成太原地铁 2 号线建设中机电核心系统间接口管理工作,开展机电核心系统 UTO 建设全过程协调和实现 UTO 目标,定义信号集成商作为一致性协调人,开展机电核心系统的集成实现和 RAMS 管理,多方分工协作组织架构为持续推动工程实施和运营筹备组织提高保障,确保所有参建方及各系统专业统一协调联合攻关,按期实现各节点目标。

(4)太原地铁 2 号线采用的自主化全自动运行系统,根据全自动运行技术特点,结合传统驾驶场景模式及运营服务特点,编制适合太原市轨道交通线网的全自动运行的正常场景、故障场景、应急场景,制定各场景说明书,共计 155 个场景,形成太原轨道交通线网级成果文件,指导系统设计及工程实施;并在建设过程中进行全场景全功能验证,在运营中得到实际检验。太原地铁 2 号线不仅实现正常场景的全自动运行功能,还针对故障和应急场景,采用全方位的故障软化技术,辅以车辆远程处理策略,在系统发生故障时,尽可能避免列车迫停区间,提高系统的整体可用性。

4.3 车辆工程

4.3.1 概　　述

太原地铁 2 号线一期工程车辆采用 A 型车 6 辆编组，最高运行速度为 80 km/h，DC 1 500 V 架空接触网受电，初期配备车辆 24 列(144 辆)，列车及所有子系统的功能和设计应满足《轨道交通　城市轨道交通运输管理和指令/控制系统　第 1 部分：系统原理和基础概念》(GB/T 32590.1—2016)中关于 GoA4 的相关要求。

全列车长度为 140 m，车辆宽度为 3 m，车辆高度为 3 855 mm，车体材质为不锈钢，如图 4-4 所示。客室净高为 2 100 mm，客室内乘客站立区高度为 1 900 mm，单节车客室车门为 5 对，每侧设双扇电动塞拉门；单节车空调数为 2 组。每列车共设置 336 个座位，定员载客量(AW2)为 1 984 人，满员载客量(AW3)为 2 534 人。车辆不设置单独的司机室，前端内饰与客室融为一体，中间采用临时隔断分隔，可伸缩隔断方便有人驾驶和无人驾驶灵活切换。

图 4-4　地铁 2 号线列车图

4.3.2 列车技术特点

1. 采用全自动运行技术

列车可以实现远程唤醒，远程休眠，远程升降弓，远程空调及照明控制，故障远程复位等功能。

2. 应用智能运维系统

列车可通过车地无线将列车运行状态及列车故障等信息可靠地传输到地面车

辆智能运维系统，实现智能化运营，降低正线故障率，提高检修效率，提升列车运行安全水平。列车具有前端障碍物探测装置、脱轨检测装置、走行部在线监测装置，具备受电弓状态视频监控功能、蓄电池应急牵引功能等多项新技术。

3. 更高的安全性、可靠性设计

根据《铁路应用：可靠性、可用性、可维护性和安全性（RAMS）规范和说明》（EN 50126）和《电气/电子/可编程电子安全系统的功能安全》（IEC 61508）标准进行 SIL（安全完整性等级）分析，通过研究识别有关子系统的危害，并对其后果进行评估；对故障可导致危害发生的子系统进行安全功能识别，以确定未减轻的安全性功能的允许频率，确定最终安全功能的 SIL 等级，并完成相应安全认证工作。

4.3.3 主要部件和系统

1. 车门系统

每节车每侧各设置 5 对双开电动电控塞拉门。车门系统具备运行过程中防止车门意外打开功能，安全完整性等级为 SIL4 级。

2. 牵引系统

电气牵引系统采用 VVVF 逆变器—异步牵引电动机构成的交流传动系统；采用 IGBT（绝缘栅双极型晶体管）功率元件，通过高性能的交流传动直接转矩控制策略，具有反应迅速、可靠的空转/滑行保护并优先使用电制动功能。该系统采用无速度传感器矢量控制技术；采用强迫风冷散热方式；主电路采用双功率模块架控方式，并配置 3 000 V/1 200 A 大容量 IGBT；额定网压和任意荷载下，全电制动的能力满足常用减速度要求；牵引控制单元采用 32 位微处理器，系统设置完善的检测、保护、空转/滑行控制功能。

3. 辅助系统

每列车安装四套辅助电源装置，每台辅助电源装置的容量为 150 kVA。辅助电源装置输出的交流电压为 380 V，频率为 50 Hz；输出的直流电压为 110 V 和 24 V。蓄电池组采用碱性镉—镍蓄电池，容量满足 6 辆编组列车在各种工况时的需要，紧急通风、照明等应急供电时间保证不低于 45 min。

4. 制动系统

车辆采用国产化程度高的架控制动系统，设备安装及管路布置采用集成化、模块化和平台化设计。空气制动系统具有常用制动、快速制动、紧急制动、保持制动及停放制动等功能。每列车设有两套电动空压机组，每辆车均配有风缸模块。

5. 障碍物检测系统

主动障碍物检测系统通过主动检测、识别障碍物、智能算法处理，实现对前方障碍物的高可靠感知，并将信息实时反馈给列车，通过判断前方障碍物状态使列车采取措施，实现列车预警和紧急制动等功能，最终保障列车运行安全。

被动式障碍物探测装置安装于轨道列车前进方向上的转向架前端，用于探测车辆运行空间前端的障碍物。被动式障碍物探测功能安全完整性等级满足 SIL2 要求。

6. 智能运维系统

车辆智能运维系统主要包括数据传输与存储、基础数据管理、专家系统、可视化实时监测平台四大模块。车辆子系统采集列车多功能车辆总线(MVB)数据和其他数据，数据传输给传输子系统。传输子系统通过无线传输通道，将数据发送至地面专家系统服务器。地面专家系统整合车载数据、第三方系统数据等，利用数据库技术对数据进行统一管理，利用大数据分析技术对车辆历史状态数据和运维数据进行分析挖掘，实现列车运行状态的实时监测、历史数据统计分析、故障诊断和相关故障处置准确的智能指导，以及维修规程策略的优化。

7. 空调系统

每节车设置两台车顶一体式下出下回空调单元机组，制冷功率为 44 kW。空调系统可根据车外或车内火灾信号，自动控制新风阀和回风阀的开关，实现最大限度的保护乘客安全，提高整车的安全性能。

8. 贯通道

两节车厢之间采用一块柔性侧护板贯通道相连，由渡板、内饰板和折叠式风挡等组成，净通过高度不小于 1 900 mm，宽度不小于 1 500 mm。贯通道的强度和结构设计满足乘客可以自由地在列车各客室之间穿行和在贯通道处站立。贯通道满足车辆通过车辆段最小平面曲线半径弯道和最恶劣“S”弯的要求。

9. 车钩

车钩采用全自动车钩和半永久车钩两种形式。全自动车钩缓冲装置位于列车编组的头尾两端，采用 CG－330 型全自动车钩装置、弹性体缓冲器、压溃管和过载保护装置组合方案。半永久车钩缓冲装置用于单元内部两车之间的连接，其连接和分解均需人工手动操作，半永久车钩采用卡环连接，车钩强度满足抗压荷载不小于 1 250 kN，抗拉荷载不小于 850 kN 的要求。

10. 弓网监测系统

采用非接触式高速图像处理器和传感器，实时检测弓网状态，包括弓网温度、燃弧、几何参数及刚性接触线磨耗等，对这些信息进行在线综合分析，实现对弓网异常状态信息的及时监控和报警；结合 TCMS 传输的时间、站点等信息，实现对报警位置的准确定位，提高维修效率。

4.3.4 调试及监造

1. 监造情况

为保障车辆生产关键工期节点，应做到以下几点。一是加强进度控制，对于项目推进过程中存在的问题，及时召开现场工作推进会研究解决。二是派遣车辆工程师驻供应商处进行监造，盯控车辆生产进度，监督现场作业质量，检查现场问题并督促整改。三是重点盯控外购件进度、质量，及时对设备厂家排产时间计划、到货时间计划等信息进行跟进统计，保证车辆生产节拍。

2. 调试情况

编制车辆调试试验整体进度及计划，包括静态调试、动态调试、例行试验、型式试验等共 44 大项 207 小项，建立调试例会及轮值工程师制度，按照工期节点完成车辆试验、接口功能调试及全自动运行功能测试。

4.3.5 经验与总结

无人驾驶地铁车辆相较传统车辆成熟度较低，功能需求尚未完全固化，因此设计初期需要有明确的需求输入——运营场景分析。进行场景分析时要多方参与，包括各系统供货商及最终运营单位等，需要明确各场景下的用户需求，进而梳理系统功能与对外接口，才能保障最终用户得到的产品足以应对开通运营后使用过程中发生的各种情况，保障乘客及工作人员安全。

面对设计周期紧张、物料短缺等多重考验，以项目管理为抓手，倒排工期，通过生产日报、项目例会、工期预警、进度奖惩、现场检查等形式，及时沟通协调车辆生产调试推进过程中存在问题。首列车 2020 年 5 月 4 日到段，16 辆列车 10 月 18 日到段，创造了国内最短生产调试周期记录。采取“5＋2”“白＋黑”“连轴 24 小时设计接力团战”的工作模式，全力以赴确保出图进度。在没有样车研制技术支持下，项目研发团队仅用 5 个月完成全自动无人驾驶地铁车辆设计及图纸冻结。从备料工艺、工装模具、编制程序等方面提前着手，完成线上审核图纸的工装设计，备料卡片及激光下料编程，侧墙、顶棚自动焊接编程等工作，确保每一个节拍按节点完成，为后续的生产试制赢得更多时间。车体设计分队、转向架设计分队、电气原理设计分队、制动设计分队、咨询认证分队、网络智能开发分队等加速突击、同步向前，全力推进设计进度，为后续工作争取时间。

面对太原地铁 2 号线一期工程艰巨的工期任务，太原中铁轨道公司充分发挥专家团队经验丰富，施工单位自主管理，维管单位股东方派驻的优势，按节点保质保量完成建设运营任务。一是充分发挥专家团队的引领作用，联合上海申通轨道交通研究咨询有限公司做好全自动场景、规则、接口的统筹管理的同时，多次协调各单位专家队伍莅临指导，做到问题前置，关口前移。二是充分利用施工单位自主管理的优势，在关乎工程节点、关键任务的问题上，组织中铁电化局下属各施工单位不计成本完成任务，将忘我的工作态度，应用到设备安装、调试和综合联调过程中。三是发挥维管单位股东方派驻的优势，让维管队伍在建设阶段早期介入，真正做到了“为建设把关、为运营把脉”。

车辆研发在“攻坚战”中创造性地提出“技术解锁、同步推进、紧密协同、严保质量”的战斗策略。通过周密的技术分析与研讨，将仿真计算与设计出图、软件编制与硬件配置、咨询认证与技术方案、全自动无人驾驶与非全自动无人驾驶分别进行解锁，形成可同时拓展的多个方向。

4.4 通信系统

4.4.1 概 述

太原地铁 2 号线一期工程通信系统包括专用通信系统、公安通信系统、民用通信系统。专用通信系统是地铁指挥列车运行、组织运输生产、提高运营管理效率和服务质量的重要手段；专用通信系统共有 13 个子系统，分别为传输系统、公务电话系统、专用电话系统、无线通信系统、广播系统、时钟系统、视频监控系统、集中告警系统、电源及接地系统、计算机网络系统、乘客信息系统、集中录音系统、车辆段安防系统。公安通信系统共有 6 个子系统，分别为公安传输系统、公安视频监控系统、公安无线通信系统、公安计算机网络系统、公安专用电话系统和公安电源及接地系统。

4.4.2 设备安装及调试

1. 传输系统

1)传输系统简介

传输系统是地铁确保列车安全、高效运营的必备工具和重要手段。系统具有完善的网络自愈特性，光缆线路、传输设备的重要部件均具有冗余备份保护及故障切换功能。工程传输系统采用增强型 MSTP 设备组网，SNCP 保护＋MPLS-TP 环网保护方式。太原地铁 2 号线一期工程共 25 个站点(23 座车站、1 个控制中心和 1 个车辆段)组建三个环网，组环方式采用隔站相连的原则。通过对带宽需求分析，工程传输系统采用 10 G 设备组网，在各站点均设置一套 MSTP 10 G 的传输设备。

2)安装注意事项

(1)设备安装前，通信机房应符合设备安装条件。设备开箱时主要对设备及附件备件、机内所有元部件及机内布线齐全完整性进行检查，确保机身无弯曲变形，无元部件脱落或螺栓松脱，布线绑扎整齐无散落，无活动和断头现象，机体无受潮发霉及锈蚀现象，镀层和漆饰完整。

(2)施工前应配线对号，对环阻、绝缘进行测试并记录，配线测试结果满足衰减要求。配线敷设参考设备安装手册要求，配线顺序平直排列正确，相同配线互相靠拢；配线焊接或卡接牢固，纽结正确、密实；设备配线与电源配线必须按照标准有一定间隔。

(3)光缆尾纤需注意按标定的纤序接到设备上，不得接错。光缆尾纤应单独布放并用垫衬固定，或用槽道和塑料管进行防护，不得挤压、不得受扭力，严禁用扎带绑扎光缆尾纤。

2. 公务电话系统

1)公务电话系统简介

公务电话系统能为地铁管理部门、运营部门、维护部门提供一般公务联络，完成地铁内部用户间及其与市公用电信用户间的电话业务和部分非话业务。系统能接收外部系统同步信号，具有综合业务数字网交换功能，有 2B+D 数字用户接口，能与分组交换网连接。公务电话系统采用程控交换方案，采用电路交换技术，组网模式相对固定，产品成熟，可靠性高，可满足公务电话用户对系统扩展性、维护管理、业务提供等方面的需求。

2)安装注意事项

(1)程控交换机及其他相关设备安装：应确定安装环境满足设备安装条件，按照施工图确定程控交换机及其他相关设备安装位置。

(2)总配线架安装：设备开箱检验应做好相关记录。按照设备供应商安装手册要求组合安装总配线架。所有与交换机相连配线完好，测试衰减结果满足要求并有记录，按照设备供应商安装手册安装总配线架告警装置等。

3. 专用电话系统

城市轨道交通专用电话系统是调度员和车站、车辆段值班员指挥列车运行和下达调度命令的重要通信工具，是为列车运营、电力供应、日常维修、防灾救护、票务管理提供指挥手段的专用通信系统。根据太原地铁 2 号线运营需要和业务性质，专用电话系统包括调度电话，车站、车辆段内直通电话以及区间电话，其中区间电话功能由专用无线移动手持台实现。

4. 无线通信系统

无线通信系统为地铁控制中心、车辆段各调度员(固定工作人员)与在线运行的列车司机及沿线车站、车辆段的流动工作人员之间提供高效无线调度电话和短数据通信而设置。太原地铁 2 号线无线通信制式采用 800 MHz 频段 TETRA 数字集群制式。

5. 广播系统

广播系统由正线广播、车辆段广播 2 个独立系统组成，其中正线广播系统又分为车站广播和列车广播，列车广播系统由车辆专业提供。正线广播系统主要用于地铁运营时对乘客进行公告信息广播、通告地铁列车运行及安全、向导等服务信息，向车站办公区工作人员发布作业通知。车辆段库内广播系统为一套独立的区域广播系统，供地铁车辆段控制中心(DCC)控制室的行车值班员、DCC 控制室的车辆段值班员对库内进行定向语音广播。

6. 时钟系统

时钟系统为控制中心调度员、车站值班员等运营部门的工作人员和乘客提供统一的时间信号，并向系统提供标准的时间驱动信号，为故障分析、保证列车的安全准点运行提供统一的时间平台。太原地铁 2 号线一期工程全线时钟系统采用控制中心与车站、车辆段两级组网方式。在控制中心新设一级母钟和 GPS、北斗设备；全线各个车站、车辆段新设二级母钟，通过专用通信传输系统接入中心一级母钟。在控制中心、23 个车站、车辆段新设若干子钟，在控制中心新设时钟网管系统，实现对全线时钟系统设备的统一管理。

7. 视频监控系统

视频监视系统是城市轨道交通有序运行和保证运输安全的重要手段，为控制中心的调度管理员、各车站值班员、列车司机等提供有关车站客流、列车出入站、旅客上下车及疏导、防灾救灾以及社会治安等方面的实时视频信息，用以提高运行组织管理效率，保证行车安全、正点输送旅客。太原地铁 2 号线采用视频监控系统与公安视频监控系统共享站厅层和站台层公共区、出入口及通道等区域的前端摄像机。系统设置控制中心调度员的行车监视、环控监视、电力监视、总调监视，车站值班员行车(含客运管理)监视和环控(防灾)监视、车辆监视、乘客监视、车辆段值班员行车监视。采用控制中心远程监控和车站/车辆段本地监控方式，组成一个完整的两级监视网络。用户可在任何一个站点根据授权访问各站实时图像和历史图像。各车站/车辆段视频信号，由前端高清摄像机采集处理后，除本站监视外，还可送至车站的传输设备，通过传输系统传至控制中心，控制中心接收并进行相应解码处理后，送入视频显示设备。

8. 集中告警系统

1)集中告警系统简介

集中告警系统利用计算机网络技术和数据处理能力，对通信系统中的各子系统进行集中监控管理。将各子系统经过选择的运行状态集中上传到控制中心的网络管理计算机终端设备上，使通信维护人员能及时、准确地了解整个通信系统设备的运行状况和故障信息，以便进行系统维护处理工作。该系统能够对各子系统经过选择的主要状态信息、告警信息进行汇总、显示、确认、报告,能进行故障定位,实现设备集中监视管理的功能。

2)安装注意事项

集中告警终端设备机架安装应与地面垂直、平稳;安装后机架倾斜差不小于机架身高的千分之一。机架的安装应确保螺丝、垫片和弹簧垫圈紧固,不得漏装。机架内设备、部件安装应在机架定位并加固后进行,确保其安装牢固、端正,符合安装手册要求。集成器(HUB)的安装应符合设计要求,安装位置符合施工图纸,安装方式宜采用壁挂式安装,双绞线缆垂直引上。

3)线缆布放要求

(1)整个布线系统采用超五类布线标准进行施工,特殊系统采用六类布线工艺进行施工。

(2)不得超过电缆制造商规定的电缆拉伸张力。张力过大会使电缆中的线对绞距变形,严重影响电缆抑制噪声的能力及造成电缆的结构化回波损耗,并会改变电缆的阻抗,损害整体回波损耗性能。

(3)避免电缆过度弯曲,电缆弯曲半径不得低于安装后的电缆直径的8倍。对于典型的六类电缆,弯曲半径应大于50 mm。

(4)避免使电缆扎带过紧而压缩电缆。在使用电缆扎带时,要特别注意扎带应用的压力大小,电缆扎带的足够强度能够支撑成捆电缆即可。在从卷轴上拉出电缆时,要注意电缆不要打结。如果电缆打结,应该视为电缆损坏,更换电缆。不要将过多线缆成捆绑扎,以防“外来串扰”影响系统性能。

(5)RJ-45插头使用T568B打线标准制作;除非在特殊情况下,不得将线缆插头一端用T568A,一端用T568B标准制作。

9. 电源及接地移动系统

1)电源系统简介

电源系统通过配置交流不间断电源(UPS)及蓄电池为控制中心、车站、车辆段通信设备提供高质量、高可靠的电源供应,保证在主电源中断或发生超限波动的情况下,通信设备在规定的时间内仍能正常工作,等待主电源恢复正常。系统采用UPS供电方式,由控制中心电源系统、车站电源系统、车辆段电源系统、电源监控系统及接地系统等组成。

车站及车辆段电源系统由交流电源配电柜、双电源切换设备、UPS及电源监控系统构成。车站、车辆段电源系统的远端告警信号经传输设备送至控制中心。电池后备时间按2 h考虑。

2)地线安装注意事项

(1)根据施工规范及施工图纸要求,将每个机柜用黄绿色地线连接到地线箱的接地铜排。

(2)接地线两端必须用线鼻子压接,线鼻子固定在机柜和地线箱接地端子上,加上平垫、弹簧垫片和螺帽拧紧,连接可靠牢固。

(3)机柜的可开启柜门均应用接地线与机柜的金属框架进行连接,并连接到机柜的接地端子上。

10. 计算机网络系统

计算机网络系统最主要的功能就是通过构筑的内部通信平台,整合整个企业的信息资源,强化信息资源共享,实现企业业务流程智能化,经营和管理信息化,为企业管理提供实时、准确的决策支持,提高企业的工作效率和反应能力。太原地铁2号线计算机网络系统采用IP数据网络,且系统配置的各型网络交换机要求均为同一品牌,能实现中文图形化管理,能看到交换机的图形面板。

11. 乘客信息系统

1)乘客信息系统简介

乘客信息系统是一个计算机网络和多媒体技术的综合信息服务系统。乘客通过乘客信息系统不仅能及时了解列车的运行状态及安全事项,从容候车、上车和换乘,还可以在车站及列车上观看时事新闻、商业广告等内容。系统可通过车地无线传输通道上传列车故障信息、车载监控信息,同时车站PIS系统和车载乘客信息系统(PIS)采用高清视频。

2)吊挂LCD、LED屏安装注意事项

(1)站厅、站台吊顶基本安装完成后方可安装显示器。

(2)在平整地面用干净的纸壳或塑料布铺设显示屏放置平台。

(3)将显示屏放置在纸壳或塑料布上,取出随机的安装附件,按照安装示意图,在显示屏背面组装安装背板,并固定牢固。

(4)吊挂式显示器在安装时,采用提升装置或搭建安装平台,将背板安装好的显示器提高到安装高度将安装背板与显示屏安装架连接并固定。LED屏保证显示屏的横平竖直,确保显示屏的水平、垂直面偏差不大于2 mm。

(5)LCD显示屏应将安装背板与吊架连接后,稍稍拧紧连接螺栓,调节显示屏的倾斜角,满足设计要求后,再将连接螺栓紧固。

4.4.3 经验与总结

2020年5月～6月太原地铁2号线先后实现了“传输通”“无线通”,为在车站及区间不具备运营商信号覆盖情况下的信号及车辆调试以及其他专业调试提供有力保障,为各站车控室及变电所驻站人员的日常通信提供便利。

(1)在轨行区预留槽段安装漏缆卡具时发现,在安装高度3 300 mm,预留哈芬槽段平行间距每隔 2 400 mm 位于盾构片衔接处，中间有 150 mm 位置无哈芬槽预留，导致 T 型螺栓式漏缆卡具无法安装。因区间线缆较多，专用通信漏缆上端为信号漏缆（弧形间距为 400 mm），下端为民用漏缆（弧形间距为 480 mm），为避免对信号漏缆产生影响，轨行区哈芬槽段专用通信漏缆卡具根据现场哈芬槽位置下移，最大移动距离不超过 100 mm，民用通信漏缆根据专用通信漏缆安装位置保证间隔至少为 400 mm。

（2）太原地铁 2 号线车站安防箱安装前因未与其他专业对接，安装在吊顶内且无检修口，对维保人员检修造成极大不方便。考虑通信专业通信系统终端设备较多，建议提前与土建、装修专业沟通预留位置，且考虑后期检修维护方便，对于能进行整合的如导向与摄像机或导向与广播可考虑整合。

（3）建议无线系统设计时结合站内结构布局充分考虑设备频率强度，确保车站车控室、站内环控机房、设备层走廊、安全疏散通道、AFC 票务室等重要区域专用无线信号覆盖，保障站务、检修等人员日常工作使用无线固定台通话质量。

（4）太原地铁 2 号线全线摄像头有 3 000 余路，除全线车站大南门（1、2 号线换乘站）配置 12 块硬盘外；其余车站均配置 8 块硬盘，7 块投入使用，1 块作为热备。当前配置无法满足实时浏览、电视墙浏览、录像调取、录像写入、覆盖等需求，开通后车站多次上报录像调看卡顿故障。为解决卡顿问题，拟采用车站增加硬盘方案，每个站增加 4 块硬盘。因开通运营后车站存有 7～10 d 视频录像，加装硬盘方案需对车站硬盘格式化，视频无法保存，需通过补录方式＋本次存储方式保存前期视频，对运营造成了极大不便，且操作过程中极易因疏忽导致视频无法满足 90 d 完整性要求。因此，建议后续线在建设过程中要充分考虑硬盘容量，避免在运营期更改配置。

4.5 综合监控系统工程

4.5.1 概　　述

地铁综合监控的主要功能包括对机电设备的实时集中监控功能和各系统之间协调联动功能两大部分。一是通过综合监控系统，可实现对电力设备、火灾报警信息及其设备、车站环控设备、区间环控设备、环境参数、屏蔽门设备、防淹门设备、照明设备、门禁设备、自动售检票设备、广播和闭路电视设备、乘客信息显示系统的播出信息和时钟信息等进行实时集中监视和控制的基本功能；二是通过综合监控系统，可实现晚间非运营情况下、日间正常运营情况下、紧急突发情况下和重要设备故障情况下各相关系统设备之间协调互动等高级功能。

太原地铁 2 号线综合调度指挥系统的中央级系统位于控制中心和车辆基地。

IDCS 系统位于控制中心的中央级承载于城轨云计算平台的主数据中心安全生产网，由云平台提供相应的计算、网络、存储、安全、桌面云等资源，主要为太原地铁 2 号线一期工程中央调度人员（主要包括行调、电调、环调、车辆调、乘客调、维修调、总调）服务。IDCS 系统中央级通过与相关系统集成、互联，从而实现控制中心调度人员对太原地铁 2 号线一期工程的集中控制。IDCS 系统与 ATS、PSCADA、BAS 系统实现深度集成，与 PA、CCTV、PIS 实现界面集成，与时钟系统、门禁系统、AFC 系统、PSD 实现互联。

4.5.2 设备安装与调试

1. 设备安装工艺要求

(1)线槽及线管通过伸缩缝或沉降缝时，需做伸缩缝或沉降缝处理。

(2)所有管线通过防火分区时，施工后必须采用防火密封材料进行封堵。管线敷设要求避开高低压电缆，并且在公共区不允许管线裸露在装修层外。

(3)如果电缆及光缆走向与其他系统的管线冲突，可以根据现场的实际情况，适当调整走向，但不能违背电缆和光缆的布置要求和原则。

(4)所有的电缆应采用低压无卤阻燃电缆，不得在中间驳接，不得使用 T 型接法，电缆引出部分不得遭受损伤。

(5)所有线槽、镀锌钢管在敷设时应刷耐火极限为 1.5 h 的超薄膨胀型钢结构防火涂料。

(6)车控室、综合监控设备室、AFC 设备室内设置防静电地板，防静电地板高度以装修专业图纸为准，机柜落地安装，机柜底面与防静电地板上表面齐平，并安装牢固。机柜支架外表面要求热镀锌，各零件搭接处应满焊，焊接应牢固可靠。

2. 系统单调

1)单调前的安装检查

设备安装到位、线缆敷设接续成端等是单体/单机调试前的首要条件，为确保单调顺利推进，减少单调过程中因施工安装造成的反复或返工，提高调试效率，各系统在进行单调前要充分进行安装检查。需确保设备安装规范，线缆敷设接续符合图纸要求，电源系统配置正确，上电检查顺利通过等，为后续单调作好准备。

2)系统单体/单机调试

安装检查后，组织系统单体/单机调试，对设备单体逐个进行上电调试，确保本体设备的各项功能均符合合同和技术规范的要求。

3)点对点或端到端调试

系统单体/单机调试结束后，就具备开展点对点或端到端的调试条件，测试从现场设备到远端监控终端，在整个数据链路上的一致性、正确性等。

4.5.3 经验与总结

1. 施工问题

车控室作为车站级的指挥平台及车站的形象窗口，其整体布局的美观性、功能实用性、便利性至关重要，针对车控室 IBP 盘安装过程中发现的问题提出以下建议：

(1)车控室 IBP 盘安装过程中发现 IPB 盘安装位置被其他系统控制箱占用的情况，解决此类问题需要综合监控设计在车站初步设计时与建筑专业密切配合，提供双方详细的需求资料，以避免不必要的返工。

(2)由于 IBP 盘上布置有各专业的控制版块，需在设计联络阶段提前明确各专业控制单元的安装排布位置，有效利用有限的 IBP 盘面空间，为后续车站使用人员提供合理的操作界面。

2. 软件问题

综合监控系统作为地铁各专业设备监控唯一整合平台，其软件的可操作性、可视化程度、人机界面友好程度均对运营调度、站务中心起着至关重要的影响，故建议在建设阶段，明确以下相关事宜，便于后续实施：

1)监控画面图元与现场一致性问题

招标阶段，应在用户需求书中明确，综合监控设备厂商应在质保期内对综合监控软件图元与现场设备进行无条件的校对修改，并承诺该部分工作免费；设计单位需牵头组织各专业厂家对各图纸接口进行审核，以便综合监控设备厂商拿到正确的提资进行上位界面的软件开发工作。

2)综合监控工作站操作使用习惯问题

在设计联络阶段，应由建设单位牵头，连同运营单位调度、站务、维修部门及综合监控设备厂商召开专题会议，确定各专业监控界面的风格、图元颜色意义、操作使用方法、功能、各专业点类表等软件细节，并出具会议纪要各方签字确认，便于后期运营单位的合理使用。

4.6 站台门

4.6.1 概　　述

太原地铁 2 号线一期工程(B 部分)车辆选择 A 型车，初、近、远期均采用 6 辆编组。每辆车共设置五对车门，全线 23 座地下车站站台边缘设置非封闭式全高站台门，站台门顶箱上方与顶梁之间设置百叶风口，如图 4-5 所示。站台门与车门在站台上相对应，单侧站台门纵向组合总长约为 135.948 m。站台边缘顶部风道和站台板土建预留站台门安装顶梁和安装槽，采用钻孔安装方案。站台边缘及端门两侧装饰层下敷设绝缘层，采用暗敷方案。

图 4-5　太原地铁 2 号线站台门

4.6.2　系统构成及安装调试

1. 系统构成

站台门系统主要由门机、门体、电源、控制系统四个部分组成。门机主要包括门机梁、驱动电机和减速器、传动装置、门锁、行程开关等；门体主要包括梁柱结构、滑动门、固定门、应急门、端门、门槛、绝缘件、顶箱盖板等；电源是指从低压配电与照明专业自动切换箱至站台门电机及其他用电设备的中间所有元器件，主要包括隔离变压器、UPS、断路器、继电器、电缆等；控制系统主要包括中央控制盘(PSC)、监控主机、逻辑控制单元、门控单元(DCU)、就地控制盘(PSL)、控制局域网络、监视系统、故障报警装置以及网间通信协议转换器、通信介质及通信接口模块等，如图 4-6 所示。

2. 站台门布置与安装

1)站台门总体布设要点

站台门在站台的布置以有效站台中心线为基准向站台两端对称布置，纵向组合总长度约 135.82 m，累计组合长度误差不大于 10 mm。站台门在车站站台上的布置要满足站台门的功能要求、列车运营模式要求及车站的功能要求。站台门系统 PSC、蓄电池组、配电柜及 UPS 等设置在站台门设备房，就地控制盘 PSL 设置在站台设备区站务人员或司机方便操作的地方，采用壁挂安装设计，端门外预留

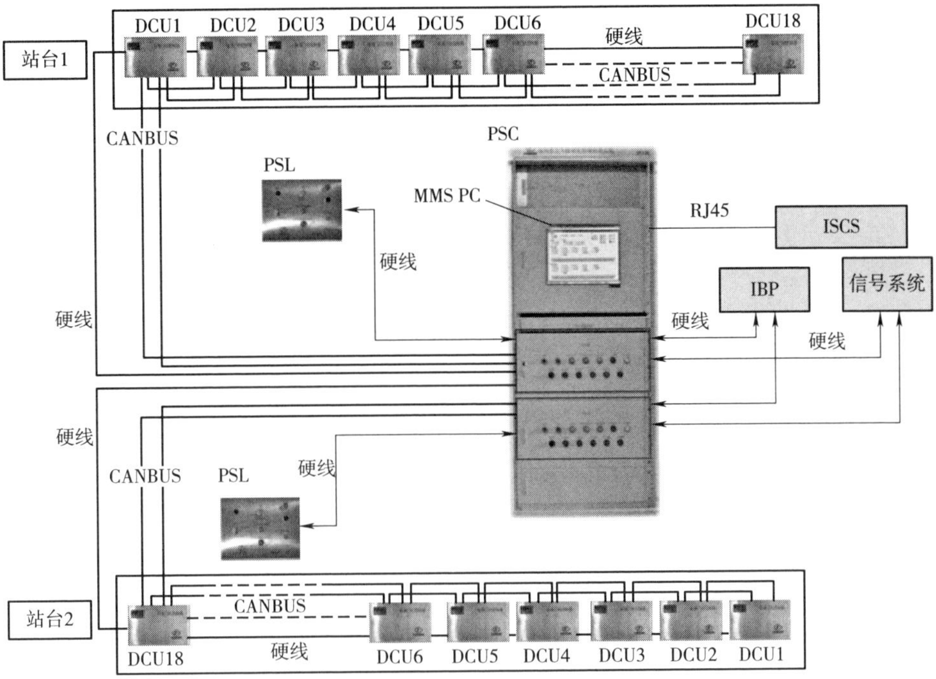

图 4-6 地铁 2 号线控制系统

PSL 安装条件，PSL 安装尺寸不大于 500 mm×500 mm，建筑预留 1.2 m 空间，条件困难时不小于 0.9 m，站台门系统的设备状态监视及故障报警终端设备设在车站控制室内。

2）站台门门体的安装要点

（1）站台门门体与轨道中心的距离不小于 1 630 mm。

（2）站台门轨道侧最外部分弹性变形不大于 10 mm。

（3）每列站台门由共有固定门 48 扇、滑动门 30 道 60 扇、应急门 6 道 12 扇以及 2 套端门单元组成；任意的相邻两对滑动门中心线距离为 4 560 mm，司机门边线距离第一道滑动门中心线的距离为 2 440 mm；单列站台门纵向组合长度约为 135.82 m。应急门的设置能保证在任何情况下，乘客均能从列车疏散至站台。

（4）每列站台门的两端与设备房外墙之间设置端门，向站台侧旋转 90°开门，端门活动部分设置在靠设备外墙一侧。

3）站台门系统的安装要点

系统的安装应分单元、分步骤进行，以有效站台中心线为基准向两边分别进行，每列站台门安装完成后的误差不超过±10 mm。PSC、配电柜、控制柜等系统设备直接固定在设备房的地板上，其外壳与接地端子相连；PSL 采用壁挂安装，以方便操作。

3. 站台门系统的接地和绝缘方式

1）接地

由于工程地下段采用刚性接触网的供电方式，需要利用轨道回流，所以在列车附近的轨道与大地间会存在电位差。为了保证乘客安全，站台门系统采用轨电位接地方式。单侧站台门进行可靠等电位连接后，与钢轨等电位连接，以保证站台门与列车在同一电位上，钢轨通过轨电位限制装置接地。站台门各单元间采用铜排或电缆的方式将所有单元在电气上可靠连通，其总电阻值小于 0.4 Ω，单列站台门单元在每个车站内于车站起始端设置接轨点，接轨方式采用螺栓连接的方式。

2）绝缘

站台门采用绝缘安装。站台门上部与站台顶梁结合处、下部与车站站台板结合处进行绝缘处理，站台门在车站站台板上也需要进行绝缘安装。为保证正常候车乘客的安全，在站台门站台一侧的地板上需进行绝缘处理。

工程中采用复合绝缘材料方案。在站台门门槛的站台侧敷设不小于 900 mm 宽的绝缘层；站台门端门两侧 1 500 mm 宽的范围内敷设绝缘层；在与端门相衔接的设备房外墙的适当范围也要做绝缘处理。这些绝缘材料及绝缘处理达到的绝缘效果要保证乘客安全舒适。站台门的绝缘安装及站台绝缘层敷设效果需达到对地绝缘电阻值不小于 0.5 MΩ。

4. 站台门安全措施

（1）滑动门每扇门都设有锁紧装置。滑动门关闭后该锁紧装置可防止外力作用将门打开。滑动门自动开启时，门锁能自动释放；手动开门时，采用开门把手和钥匙使锁紧装置释放。锁紧装置正常运行时可自动解锁，该锁应与手动开门把手钥匙联动，故障情况时可进行手动解锁。

（2）滑动门应有障碍物探测装置，能探测到的最小障碍物厚度 5 mm。当站台门在关闭过程中夹住人或物时，如果门体对于障碍物的作用力大于设定值，滑动门立即停止关闭，同时泄掉夹紧力，使被夹的人或物解脱。

（3）为避免在这个空隙中夹住人，在满足限界的前提下，在滑动门底部设计防站人装置，避免乘客夹在站台门和列车门之间；在轨道侧的滑动门门框上安装解锁装置，当乘客夹在站台门和列车门之间时可以用应急解装置进行自救。

（4）在滑动门、应急门门槛处设置防踩空胶条，减小站台间隙，保证乘客安全。

5. 设备调试、测试

1)开关门力测试以及解锁力测试

屏蔽门门机及门体结构安装完毕后，测试门体的运行情况，主要是通过推拉力计拉动滑动门门体进行关门运动以及滑动门手动解锁装置，读取拉力最大时的拉力计读数，滑动门的开门力不大于 133 N，关门力不大于 150 N，解锁力不大于 67 N。当读数在要求的范围内时，测试合格。

2)PSL 功能测试

主要测试 PSL 开关门的功能是否正常，指示灯开关以及互锁解除是否正常。

3)信号模拟系统接口测试

通过实际场景模拟的方法，进行信号系统与车辆、站台门的接口联调，验证信号系统与车辆、站台门系统的接口功能与设计的一致性，能否满足运营生产需求。

4)IBP 盘紧急操作测试

通过操作 IBP 盘上下行开关门按钮，对站台门紧急开关门进行测试，验证设备联动是否正常。

5)环境噪声测试、屏蔽门运行噪声测试

在距离站台门 1 m、地面 1.5 m 高处采用 30～135 dB 声极计所测得的噪声值应不大于 70 dB(A)。测试目的是在整侧站台门的顶箱面板全部关闭的情况下，检测活动门运行时产生的噪声不大于技术规格书中的相关要求。

6)其他系统的联合调试

联合调试主要测试列车按正常线路运行，信号与站台门接口功能及站台门与相关信号车载功能。

7)绝缘测试

单侧站台门所有结构(包括 30 个门单元及端门、应急门等)的安装应采用绝缘安装，站台门门体结构对地绝缘值应不小于 0.5 MΩ(用 500 V 兆欧表测试)；应有保护底部绝缘件的措施，以防止运营过程中的水及灰尘破坏绝缘效果；绝缘件应方便更换。站台门端门的安装应与整侧车站站台门绝缘，在工程验收阶段要严格按照标准进行测试、验收。

4.6.3 经验与总结

(1)由于施工时站台门安装存在误差，装修在确定绝缘区石材宽度尺寸时，不能全部按装修设计图纸标注的宽度尺寸下单加工，必须复核现场非绝缘区宽度实际尺寸后下单加工石材，否则会出现非绝缘区与绝缘区石材分割缝过宽的现象，影响美观及功能。绝缘区石材数量必须足够且应考虑一定比例的损耗。绝缘区石材铺设至站台应急门及端门时，石材面应略低于应急门及端门门槛，以保证应急门及端门能顺利打开。

(2)与装修接口：在施工准备阶段进行现场勘察，图纸会审、技术交底时，应安排专职人员进行接口的管理工作。依据平面图、安装图等设计文件和现场实际情况进行相关记录，例如端门与装修墙面收口、装修吊顶与百叶冲突等，及时与业主、设计、监理、相关施工单位等沟通，做好施工前的接口管理，防止因接口问题而引起的返工。

(3)与土建接口：在施工准备阶段进行现场勘察，图纸会审、技术交底时，应安排专职人员进行接口的管理工作。依据平面图、安装图等设计文件和现场实际情况进行相关记录，例如站台板高程不满足设计站台门安装前提要求、轨道侧下挂梁砌筑不满足设计站台门安装前提要求等，及时与设计、监理、相关施工单位等沟通，做好施工前的接口管理，防止因接口问题而引起的返工。

4.7 轨道工程

4.7.1 概　　述

太原地铁 2 号线一期工程全部为地下线路。正线全线折算单线长 48.349 km，其中一般段铺轨 14.171 km，较高减振段 19.923 km，高等减振段 4.899 km，特殊减振段 7.622 km，辅助线 1.733 km。正线铺设 60 kg/m 钢轨 9 号单开道岔 30 组，交叉渡线 3 组。贾家寨车辆段线路全长 17.2 km，包含库内线路 8.4 km，库外线路 8.8 km，普通单开道岔 38 组，交叉渡线 2 组。

为减轻列车运行对周围环境所产生的振动和噪声干扰，满足地面不同构(建)筑物的减振降噪要求，通过对太原地铁 2 号线一期工程沿线环境情况的调查和研究，并结合以往经验及地铁相关设计规范有关规定，工程正线分别采用减振扣件(中等减振段)、橡胶减振垫(高等减振段)、钢弹簧隔振器以及橡胶弹簧(特殊减振段)进行轨道的减振降噪。

4.7.2 工程特点

1. 总体方案

轨道工程地下线一般整体道床的施工方法有两种，即轨排法和散铺法。轨排法是在铺轨基地将组装好的轨排吊装到平板车上，由轨道车运送至作业面，完成架轨、调轨后进行混凝土浇筑。道床混凝土采用商品混凝土，用混凝土搅拌运输车运送至最近下料口，通过泵送或漏斗输送到地下工程平板车混凝土受料斗内，采用轨道车推送混凝土料斗到工作面附近，完成道床混凝土浇筑。散铺法是将钢轨、扣件、轨枕等轨料通过汽车运输至下料口，使用吊车或龙门式起重机放至隧道内，并由人工完成运输、架轨、调轨等工序，然后进行混凝土浇筑。

太原地铁2号线一期工程分为地面车辆段和地下正线两大部分，铺轨施工结合这两种施工方式，其中地面车辆段轨道铺设和地下正线的道岔、部分辅助线采用散铺法组织施工，地下正线轨道采用轨排法进行铺设施工。

根据施工计划，轨道工程分别在西桥站、龙城公园站、南内环站和大北门站指定地点依次设立铺轨基地。车辆段采取增加人力及平行作业方式，每条线由多个工作“面”同时进行施工，形成“线”“面”的大平行工作，每个工作面按施工工序形成小流水作业，保证车辆段铺轨的进度。太原地铁2号线一期工程正线及辅助线施工，分别在4个铺轨基地将25 m标准轨组装成轨排，按工期计划和施工区段独自进行轨排铺设以及混凝土整体道床的浇筑。全线轨道铺设、浇筑完工后即组织人员、设备进行线路的养护和维修，直至竣工交验。

2. 施工创新

新型铺轨机和布料机可以减少安拆走行轨的时间，节省走形轨和支墩等材料，缩短施工准备时间，提高施工效率，如图4-7所示；新型铺轨机、布料机熟练使用下是传统设备铺轨效率的1.5～2倍，铺轨进度可以从每天50～75 m跃升至100～150 m，针对抢工施工作业面，能迅速形成施工生产力，如图4-7所示；同时可实现特殊减振道床地段基底提前浇筑，在轮胎式铺轨机轨排铺设完成后，全自动布料机能及时完成混凝土浇筑施工。注意疏散平台安装和环网电缆锚栓需在轮胎式铺轨机施工完成后进行，避免因锚栓施工影响铺轨机走行。

图4-7　轮胎式铺轨机施工

太原地铁 2 号线一期工程正线全线采用 CPⅢ控制网精测技术配合轨检小车进行精调作业，既确保施工精度，又提高精调效率，如图 4-8 所示。

图 4-8 CPⅢ控制网测量

太原地铁 2 号线一期工程正线设置 4 个铺轨基地。正线铺轨施工需从铺轨基地出发，逐步向两端进行铺轨。太原地铁 2 号线一期工程铺轨施工受前期各类影响，2019 年三季度末施工工期已然滞后，为保障 2019 年年底重要节点不突破，轨道专业在对现场踏勘研究后决定正线全线增加 12 处散铺口，利用预留的车站吊装口进行吊装下料。同时通过优化车站施工方案，采用人工加小型机具配套进行“散铺”作业，地泵加罐车配合进行混凝土浇筑，不仅实现多点面施工，加快施工进度，还为新型铺轨设备长线铺轨提前打开通道，有效提升新型铺轨设备的工作效率。

4.7.3 经验与总结

1. 施工准备

(1)施工前对第三方测量提供的交桩资料和现场桩点进行复核并报监理工程师审批签认测量成果，如有偏差及时联系设计以及第三方测量单位进行复核调整，避免造成不必要的返工。同时利用已提供并已完成复核的平面和高程控制点，进行必要的平面及高程控制点加密布设。

(2)提前梳理施工机械和施工材料进场时间，并制定相应保障方案，确保机械和材料按时进场，避免因机械或材料未按时进场影响整体工程进度。

2. 接口管理

(1)轨道工程作为地铁工程地下运输的主要环节，肩负着设备安装专业各站间设备倒运的主要任务，相关接口专业务必提前完成接口梳理工作，为轨道施工创造良好施工条件，保证轨道施工顺利进行，为站后各专业施工奠定良好基础。

(2)人防门施工与轨道施工交叉严重,人防门施工务必在铺轨施工开始之前完成,避免因人防门施工进度滞后影响铺轨施工进度。

(3)太原地铁2号线一期工程车辆段库内立柱式检查坑整体道床施工时道床混凝土支撑立柱下半部分由土建施工单位进行施工并预留,混凝土支撑立柱上半部分及以上由轨道施工单位进行施工。按照上述分工施工,一是容易造成混凝土立柱出现偏差;二是施工工期交叉,库内钢轨铺设受制于混凝土短柱浇筑进度影响,整体施工进度缓慢,还极易出现推诿扯皮现象,建议库内立柱式检查坑道床和钢轨铺设由同一家施工单位统一实施。

3. 前期工程验收

(1)铺轨单位进场前,要完成全线的贯通测量,特别是地下部分与地上部分、库外与库内进行联测,完成导线水准点平面位置和高程平差工作。同时土建工程建设单位应提供正线以及车辆段的第三方沉降评估报告,在确认结构沉降稳定后方可开始轨道铺设施工,避免因沉降不稳定造成已铺设道床被拉裂。

(2)针对地下水丰富地段,要加强铺轨前土建结构的验收,确保在铺轨施工前土建结构无渗漏水,尽量减少后期道床反水现象。

4. 建设重难点管理

(1)道床接地端子在道床混凝土浇筑时会因钢筋上浮导致接地端子高程不一致以及产生间距偏差。建议在道床混凝土浇筑前采用固定支架对接地端子进行高程以及间距的控制,保证接地端子在混凝土浇筑后高程和间距一致。

(2)地铁线路的走向一般会从学校、小区、高层等构(建)筑物下方穿越,在轨道工程中针对不同的构(建)筑物会有不同类型的减振要求,一般分为一般减振地段、中等减振地段、高等减振地段、特殊减振地段,在不同的减振要求下轨道施工的难度也不一样。例如特殊减振地段的钢弹簧浮置板道床,它的工序比一般道床复杂得多,平均施工进度也只有一般道床的1/3,这些难度较大的减振道床类型,是轨道施工的关键点。建议面对施工难度大、占用时间长的铺轨点,在轨道施工开始就要精密筹划;组织专业施工人员实施,先克服困难将施工材料运至现场,实现提前施工,赶在正常铺轨到达前完成作业;遇到无法提前作业的就从根本上改变工艺,或者采取临时方案,以达到提高效率的目的;同时应加强轨道专业的技术研讨,在道床选择时应采用较先进的工艺及技术,逐步淘汰旧的不科学的技术,以施工为本,减少施工过程中的难度,提高使用功能,减少维护难度及成本。

(3)太原地铁2号线一期工程分为地下正线和地面车辆段,其中地下正线部分,面对线路长,隧道内施工场地狭窄,光线差,进入轨行区作业人员多,轨道车辆运行频繁等情况,要保证施工人员和设备的安全,行车管理是重点控制环节,是工程施工的一大重点。轨行区施工管理应制订轨道运输管理专项方案和建立安全生产保证体系；采取请销点制度，在铺轨单位设专业调度员，各施工单位进入轨行区作业均需到轨道专业调度处请点；同时要求轨道专业调度员对沿线施工作业情况了如指掌，提醒轨道车行驶过程中需要注意瞭望的地段，实现降低安全隐患的目的。

4.8 供电工程

4.8.1 概　　述

太原地铁 2 号线工程共设 2 座 110 kV 主变电站，为龙城大街主变电站(图 4-9)和北大街主变电站。分别设置在龙城公园站附近和大北门站附近，在为工程供电的同时，可分别为后续建设的 3 号线和 5 号线供电，最大程度实现主变电站的资源共享。工程共设置牵引降压混合变电所 12 座，跟随式变电所 6 座。

图 4-9　太原地铁 2 号线龙城大街主变电站

4.8.2 供电系统

太原地铁 2 号线一期工程(西桥站—尖草坪站)供电系统采用 AC 110/35 kV 两级集中供电方式，DC 1 500 V 牵引供电制式、架空接触网型式。

交流 35 kV 中压环网采用大环串、大分区的接线方式，全线由龙城大街主变电所Ⅰ、Ⅱ段母线各馈出 2 回 35 kV 馈线，向第一、第二供电分区供电；由北大街主变电所Ⅰ、Ⅱ段母线各馈出 2 回 35 kV 馈线，向第三、第四供电分区供电，在王村南街站变电所设置环网联络开关，在正常运行方式下环网联络开关打开；当两主变电所之间相互支援时，合上该环网联络开关。

直流 1 500 V 牵引供电系统主要由整流机组、直流正负极开关设备、馈线电缆、接触网隔离开关、接触网、钢轨、回流电缆、均流电缆和钢轨电位限制装置等组成。供电系统应符合安全、可靠、简单、灵活的供电原则，应安全、可靠地向地铁牵引网提供 DC 1 500 V 电源，向车站及区间动力照明负荷提供 AC 0.4 kV 电源。

1. 主接线

(1)变电所 35 kV 侧采用单母线分段接线方式。每段母线设置一路进线和一路出线(环网分区末端变电所每段母线仅设置一路进线)，母联开关采用断路器，向相邻车站变电所供电。

(2)变电所每段 35 kV 母线上根据本站负荷的需要设置 2 回或 4 回馈线，通过馈线开关向配电变压器供电。

(3)牵引降压混合变电所的一段 35 kV 母线上同时设置 2 回 35 kV 馈线，通过馈线开关向本所的 2 台整流变压器供电。另一段母线设置 1 回馈线，用于制动能量回馈装置。

(4)变电所所有 35 kV 进线、出线、母联及馈线开关均采用断路器。

(5)变电所每段 35 kV 母线上均设置 1 组电压互感器和 1 组避雷器，避雷器上带放电计数器。

(6)在跟随式变电所配电变压器前设置隔离断路器。

(7)牵引变电所直流 1 500 V 侧的正、负母线均采用单母线接线方式。

(8)牵引变电所整流器正极通过直流快速断路器与直流 1 500 V 正母线相连，负极通过电动隔离开关与负母排相连。

(9)正线每座牵引变电所设置 1 套能量回馈装置，车辆段不设置能量回馈装置。

(10)正线牵引变电所 1 500 V 直流系统设置 5 回馈线，其中 4 回向上、下行接触网供电，1 回与制动能量回馈装置相连。人民南路站增加 2 回直流出入段线馈线。车辆段牵引变电所直流正母线设置 8 回 1 500 V 馈线，全部向车辆段接触网供电；所有馈线开关均选用直流快速断路器。

(11)牵引变电所直流正母线对地和整流器正负出口间均设置 1 台避雷器，小店南车辆段和人民南路站牵引变电所每回直流馈线对地及负母线对地均设置 1 台避雷器，避雷器带放电计数器。

(12)每座牵引变电所设置 1 台直流断路器备用小车。

(13)每个车站设置 1 台钢轨电位限制装置，小店南车辆段视规模设置 4 台钢轨电位限制装置。

2. 运行方式

(1)降压变电所:正常运行时，2 台配电变压器分列运行，分别负担其供电范围的一、二、三级负荷;当 1 台配电变压器退出时，切除本所三级负荷，0.4 kV 母联断路器投入，由另 1 台配电变压器负担本所供电范围内的动力照明一、二级负荷。

(2)牵引变电所:正常运行时，与相邻牵引变电所向两所间接触网实行双边供电。故障情况下正线一牵引变电所解列(人民南路、西涧河牵引变电所除外)由相邻牵引变电所越区“大双边”向接触网供电;当西涧河牵引变电所解列时，由正线相邻的矿机牵引变电所单边供电;当二期工程实施后，由正线相邻的二期工程牵引变电所与矿机牵引变电所越区构成大双边供电。当人民南路站牵引变电所解列时，由通达街站牵引变电所单边供电;二期工程实施后，由二期工程相邻牵引变电所与通达街牵引变电所越区构成大双边供电。

(3)牵引变电所一套整流机组退出运行时，允许另一套整流机组继续运行。

(4)车辆段牵引变电所:正常运行时，车辆段范围的牵引负荷由车辆段牵引变电所供电，当车辆段牵引变电所退出运行时，车辆段范围的牵引负荷由正线人民南路牵引变电所支援供电。

3. 环网供电方案

地铁供电网络采用 AC 35 kV 电压等级，在车站设置 AC 35 kV/DC 1 500 V 的牵引变电所和 AC 35 kV/0.4 kV 的降压变电所。各变电所之间通过 AC 35 kV 电缆连接，构成地铁 AC 35 kV 供电网络。

供电系统共分为 4 个供电分区。在每个供电分区中，由其中一个牵引降压混合所或降压变电所直接从同一个主变电所的 35 kV 两段母线引入两回互为备用的专供电源，其他牵引降压混合变电所或降压变电所采用环网方式接入电源。供电系统在双塔西街变电所设置环网联络开关，正常运行时环网分段开关打开。

4.8.3 变电所综合自动化系统

太原地铁 2 号线工程变电所综合自动化系统集成于综合监控系统，由控制中心实现对全线变电所统一管理调度。

变电所综合自动化系统实施对全线各变电所、牵引网等设备运行情况的远程实时控制、监视及测量和数据采集，实现供电系统运行、维修、调度管理自动化，从而实现城市快速轨道交通供电系统中变电所的无人值守，提高系统的工作效率、可靠性和现代化管理水平，减少运营费用。

4.8.4 杂散电流监测系统

太原地铁2号线工程杂散电流防护采取“以防为主、以排为辅、防排结合、加强监测”的综合防护措施，包括走行轨绝缘安装、畅通的回流系统、供电及回流分区、利用整体道床、结构钢筋的焊接，形成杂散电流收集网，并通过排流柜将向杂散电流通过金属通路收集回变电所，并设置杂散电流自动监测系统。

综合全国其他地区的经验教训，杂散电流测防端子大多采用扁钢，现场端子预留高低不一，且电缆连接时施工不符合标准，不能完全可靠连接，接触面较小，因此太原地铁2号线的杂散电流测防端子采用埋入式端子。

4.8.5 接触网系统

太原地铁2号线一期工程接触网正线及出入段线地下段采用架空刚性悬挂，车辆段内场线采用架空柔性悬挂。太原地铁2号线工程接触网系统满足以下原则：

(1)架空接触网系统满足太原地铁2号线一期工程初期、近期、远期运行的行车要求，安全可靠地向列车提供电能。

(2)架空接触网系统满足车辆在地下隧道、地面段的运行，能保证在太原气候环境条件下正常运行。

(3)接触网系统稳定持续地向列车提供电能且具有良好的弓网关系，满足列车最高行驶速度80 km/h的运营要求。

(4)接触网设备除与机车车辆有相互作用的设备外，在任何情况下不得侵入设备限界，以确保行车安全。

(5)接触网系统额定电压为DC 1 500 V，波动范围为1 000～1 800 V。导流总截面根据供电计算，满足持续电流及近期、远期高峰小时牵引负荷要求。

(6)接触网悬挂方式力求结构简单、安全、可靠、稳定性好，便于安装，减少日常维修工作量。

(7)设备和器材选用技术先进、可靠、耐腐蚀、寿命长、力争无维修和少维修的产品，在满足技术要求的前提下，优先选用满足各项技术要求的国产设备。

(8)地面区段接触网采取有效的防雷保护措施。

(9)应有安全可靠的防护措施，在满足功能要求和维护、检修等工作需求的前提下，保证工作人员的人身安全。

(10)为保障供电设备安全运行和可靠供电，确保在日常运行中设备处于最佳状态，在事故状态时通过电力调度，能及时安排抢修并尽快恢复正常运行，在车辆段综合维修基地内设供电车间1处，在沿线相关车站内设置供电值班点。

(11)在达到各项技术要求的同时充分考虑与城市景观的协调和美化。

4.8.6 经验及总结

太原地铁 2 号线一期工程供电系统建设主要从系统接口方面、重难点方案、安装调试中发现的问题及解决措施、技术创新点方面进行经验归纳与总结。

1. 系统接口

建设工程项目往往有多个单位参加，在制定单位、施工单位、咨询单位、供货单位之间，都存在接口管理的问题，这些问题能否得到及时和合理的解决，将直接影响项目的实施。

供电系统与主变电所在车站的接口界面如图 4-10 所示。供电系统与主变电所系统须按照表 4-1 提供有关的接口设备。供电系统与车辆须按照表 4-2 提供有关的接口设备。供电系统与动力照明系统接口如图 4-11 所示。供电系统与动力照明承包商须按照表 4-3 提供有关的接口设备。供电系统承包商与轨道专业承包商需按照表 4-4 提供有关的接口设备。

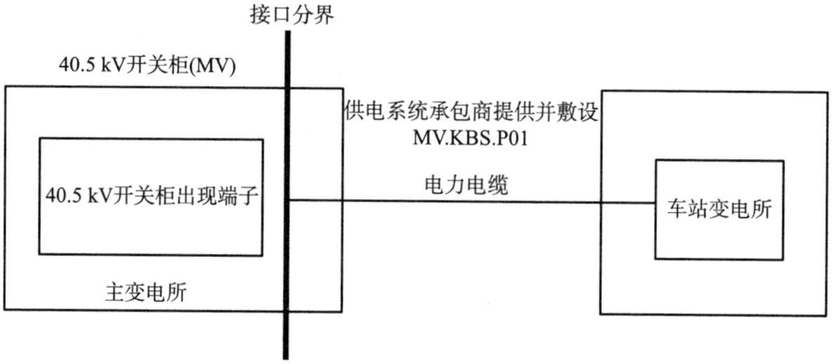

图 4-10 供电系统与主变电所在车站的接口界面

表 4-1 供电系统与主变电所系统接口要求

物理接口编号	供电系统提供	主变电所系统提供	接口功能说明	接口类型	数量	接口位置
MV. KBS. P01	电源电缆自主所引出至进入车站后的路由及支架设计	提供电源	为地铁供电系统提供电源	硬线	两处	主变电所 40.5 kV 开关柜进线端子

表 4-2 供电系统与车辆接口要求

物理接口标号	供电系统提供	车辆提供	接口功能说明	接口类型	数量	接口位置
QD. CL. P01	接触网	车辆受电弓	供电系统为车辆提供直流电源	不适用	不适用	接触网与受电弓接触面

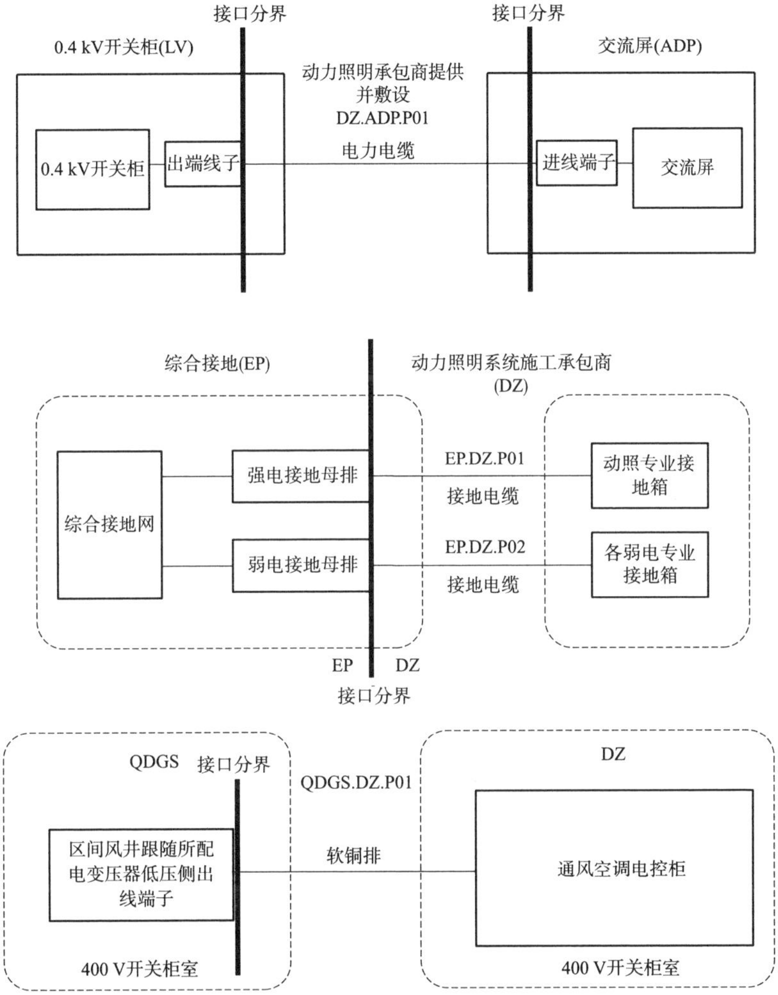

图 4-11 供电系统与动力照明系统接口示意图

表 4-3 供电系统与动力照明接口要求

接口编号	供电系统承包商提供	动力照明承包商提供	接口功能说明	接口类型	数量	接口位置
Tp. M. 1	提供电源，配合接口母排的连接。提供低压母排，根据开关柜要求在外壳上开孔，并将低压母排引接至开孔附近处	接受电源，提供接口母线并安装。提供配电变压器低压母排规格、变压器外壳开孔要求	提供电源	硬线	按需提供	变电所配电变压器低压侧

续上表

接口编号	供电系统承包商提供	动力照明承包商提供	接口功能说明	接口类型	数量	接口位置
EP. DZ. P01 EP. DZ. P02	提供强电接地总母排及弱电接地总母排	提供强电接地总母排及弱电接地总母排至下级接地箱之间的电缆、电缆头及紧固件，并提供下级接地箱	满足动力照明专业接地需求	硬线	按需提供	车站站台板下电缆夹层
QDGS. DZ. P01	提供区间跟随所配电变压器低压侧出线端子	负责提供区间跟随所变压器与通风空调进线柜连接用的软铜排及连接	为通风空调电控柜提供电源	软铜排	2	区间跟随所配电变压器低压侧出线端子

表 4-4 供电系统与轨道专业接口要求

物理接口编号	供电系统承包商提供	轨道专业承包商提供	接口功能说明	接口类型	接口位置
GD. TRK. P01	提出道床排流网截面要求、结构钢筋焊接要求、杂散电流引出端子要求；提供并安装端子之间的连接线及相关部件	根据杂散电流专业要求提供足够的排流网截面，完成钢筋焊接，引出杂散电流连接(测量)端子	杂散电流防护	不适用	道床
GD. TRK. P02	提出过轨埋管里程、规格、材质需求，并对过轨埋管里程、规格、材质进行检查与确认	提供过轨管，并根据供电系统要求在道床的适宜位置预留过轨管线	过轨管线预留	不适用	道床
GD. TRK. P03	提出绝缘节位置要求	根据供电要求预留绝缘节位置，并提供绝缘节材料及安装	绝缘节制作	不适用	道床
GD. TRK. P04	负责所需轨连线材料、钻孔或焊接	提供钻孔或焊接要求	轨连线	不适用	道床
GD. TRK. P05	提供道床对地电阻测试及相关测试方法，对轨道测试进行确认	进行对地电阻测试	对地电阻测试	不适用	道床

2. 重、难点总结

1)变电所接管前检查重点

为保证变电所地面做法统一要求,在与车站设备区装修配合过程中,严格要求地面做法并将细节落实于设备区装修施工图中。

(1)变电所设备用房地面、电缆夹层盖板均采用“水磨石”地面做法,地面的装修层厚度为 100 mm。

(2)地面的平整度为零坡度。地面应平整,不设台阶,若变电所内结构有高差,可在房间相交的位置做出坡度,使变电所内各房间地面保持水平。

(3)设备基础预埋件埋设于变电所装修层中,变电所的地面装修应在设备专业完成设备基础预埋件后进行施工。装修层表面应保证与预埋件表面齐平或低于预埋件表面 3 mm。

(4)装修层应设置在除设备开孔、预埋件槽钢位置以外的所有地面上。对于控制室、开关柜室房间,设备开孔与预埋件槽钢之间采用高强度等级水泥抹面压光设置装修层,其他区域采用预制水磨石地面;对于整流变压器室、再生电能回馈变压器室房间,除变压器开孔、预埋件槽钢位置以外的所有区域均采用预制水磨石地面;对于 35/0.4 kV 变配电室房间,配电变压器外壳之外的区域采用预制水磨石地面,配电变压器外壳之内的区域除开孔、预埋件槽钢位置以外采用高强度等级水泥抹面压光设置装修层。

2)过轨埋管统一敷设方案

太原地铁 2 号线一期工程过轨埋管由各设备专业提供埋管里程及规格、数量,由轨道施工单位实施,后期发现大量埋管中间堵塞,不满足穿电缆的要求,并且部分埋管里程错误,导致电缆敷设不是最佳路径。

因此由设备专业提埋管里程及规格数量,由轨道专业出图,在轨道道床浇筑前,应通知相应设备专业施工单位到现场进行埋管的核实,避免出现埋管数量不足或者埋管里程偏差的问题。

3)环网电缆敷设方案

太原地铁 2 号线一期工程在开展区间限界设计时,供电系统电缆支架设置于疏散平台下方。为减少结构变形可能对环网电缆的影响,电缆敷设中呈“品”字形布置,在电缆的中间头和终端头处加强固定。在结构变形缝处、电缆中间头两端、电缆终端头处各留足够的裕量,在变形缝处、电缆中间头两端各留约 1 m 的电缆裕量,终端头电缆预留 5 m 电缆裕量,区间电缆预留 10 m 电缆裕量。

环网电缆在过区间联络通道处采用在联络通道上方敷设的方式,环网电缆过区间联络通道处先沿隧道侧壁爬升,后水平敷设于联络通道门洞上方,继而沿隧道侧壁下降敷设，如图 4-12 所示。避免人员通过联络通道时环网电缆的跨越，减少环网电缆敷设对联络通道功能的影响。

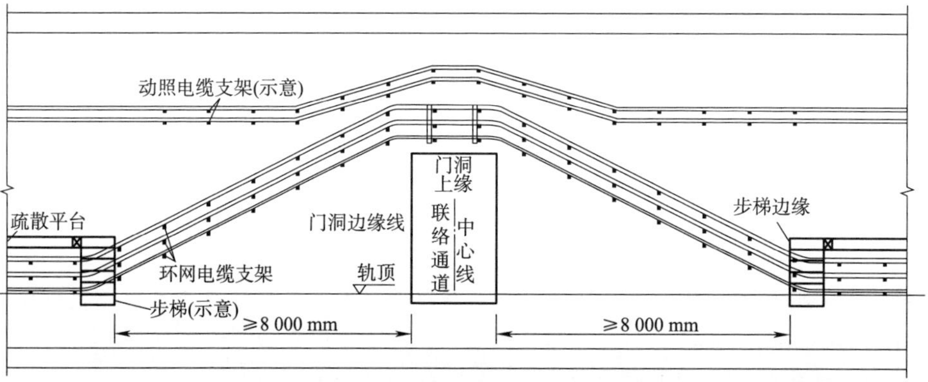

图 4-12　环网电缆过联络通道处敷设纵剖面图

环网电缆支架安装间距在非盾构区间为 0.8 m。在预埋槽道区间，针对预埋槽道 1.2 m 的间距，设置适应预埋槽道间距的电缆支架安装间距，并且设计专门的电缆梯架，满足电缆的敷设要求。

3. 安装调试中发现的问题及解决措施

1)环网电缆敷设问题

存在问题：在建设中发现个别区段环网电缆未呈“品”字形敷设，或者环网电缆缺少标识牌的问题。

解决措施：施工单位现场核实后立即整改。

2)设备房开孔问题

存在问题：因供电设备土建开孔先于设备招标，前期土建按照包容性设计开孔，待设备招标后个别设备实际需求孔洞与预留孔存在偏差，个别检修人洞土建施工单位因赶工遗漏等。

解决措施：针对此问题，建设单位组织各参建单位现场核实孔洞实际情况，通过与设备厂家沟通调整设备安装形式；现场调整设备安装位置，解决设备安装问题；土建施工单位补开缺失检修人孔。

3)车辆段库内预留电缆沟漏留、错留问题

存在问题：车辆段库内接触网专业为均流电缆预留了浅沟，现场出现土建施工时浅沟漏留、错留的情况，导致接触网均流电缆无法连接钢轨。

解决措施：经过现场踏勘，充分利用现有条件，利用其他专业预留浅沟，并合理调整钢轨绝缘节位置的方式实现接触网均流电缆安装。

4)车辆段库内隔离开关及带电显安装问题

存在问题:车辆段停车列检库及联合检修库主体采用钢结构,隔离开关及带电显示装置安装比较困难,如图4-13所示。

解决措施:根据现场情况,建设单位组织各参建单位对现场进行勘察,并结合各方意见,要求在设计图纸中明确多种隔离开关及带电显示装置安装形式。

图4-13 停车列检库及联合检修库主体采用钢结构

4. 技术创新点

结合太原地铁2号线一期工程特点,从供电安全性、可靠性、工程投资和工程实施可行性、运营调度灵活性、运营维护方便性和运营成本合理性等多方面综合考虑,供电系统采取如下新技术:

1)采用中压能馈再生装置

目前轨道交通普遍采用的VVVF动车组列车,其制动一般为电制动(再生制动、电阻制动)和空气制动两级制动,运行中以再生制动和电阻制动为主,空气制动为辅。一般城市轨道交通制动能量可达到牵引能量的20%~40%,部分再生制动的能量可以被线路上相邻车辆和本车辅助用电吸收,如不能被吸收则转换为车载电阻消耗或空气制动机械消耗。通过车辆上制动电阻发热消耗或空气制动消耗,浪费大量电能;同时上述制动方式发散热量在隧道内,既升高隧道温度,又增加环控设备用电量。

基于工程特点,从节能、对系统的影响及对环控投资的角度考虑,工程选用价格低廉、设备成熟、大功率的中压逆变型装置,运营期间,开启再生制动中压逆变回馈装置,将车辆无法吸收的电能回馈至35 kV中压网络,通过中压网络实现能量的再分配，如图 4-14 所示。同时结合大量运营数据，对中压能馈装置的工作模式、车载电阻协同、整流器协同控制、不同运营模式下的节能情况、与既有供电系统兼容性进行分析，可实现供电系统节能降耗、稳定车辆运行，促进太原城市轨道交通建设“绿色、人文、智慧”地铁，推动太原城市轨道交通可持续发展。

图 4-14　采用中压能馈再生装置

2）采用可视化接地系统

地铁的安全运行离不开高质量的检修维护，在接触网检修过程中，均需要在作业区间装设临时接地线，保证检修人员的安全。传统操作方式是遇到检修时，检修人员携带接地线和验电器到达现场，验电、挂接地线，检修完成后，再拆除接地线。在整个过程中存在如下安全隐患：挂接地线前没有进行强制验电，存在带电挂接地线的可能；无法采集、上送地线的实时状态，存在带接地线送电的隐患；验电、挂接地线作业完全依赖人工，作业时间长工作效率低，严重挤压正常检修作业时间。

采用接触网可视化接地系统，通过自动化手段实现接触网接地线的自动挂接、切断，同时可实现中央级（OCC 控制中心/DCC）、站级（牵引变电所控制室）、就地三级接地操作及实时监控，如图 4-15 所示。在保证安全的情况下，可有效降低作业人员劳动强度，缩短作业时间，提高工作效率。

3）采用水冷型无功补偿 SVG 设备

我国已开通运营的多条地铁线路供电系统中，尤其是运营初期仍有容性无功返送至电力系统的情况发生。电力部门采取“无功反转正计”的计费方法，导致主变电所功率因数达不到电力部门的要求，遭受电力部门的罚款，一条线一年的罚款数额约数百万元，大大增加运营成本。

为使功率因数能够满足电力部门的要求，避免无功返送，太原地铁 2 号线一期

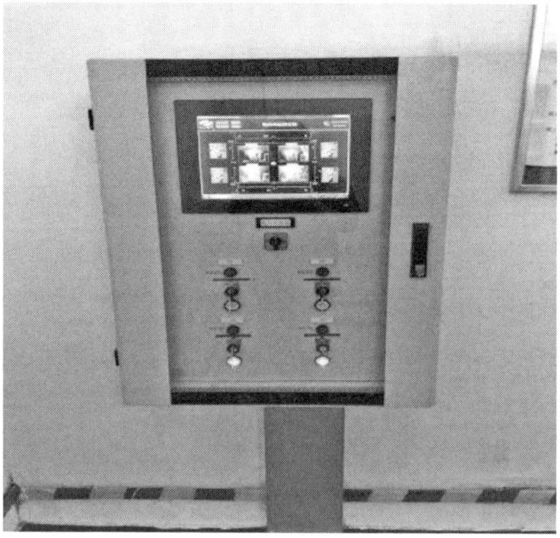

图 4-15 可视化接地系统

工程主变电站设置水冷型动态无功补偿装置(SVG),该装置可跟踪系统有功、无功及功率因数变化,动态调节输出容量,以实时地中和系统过多的容性无功,如图 4-16 所示。水冷冷却方式可按环境温度调整;户外水风换热器采用变频设计,可根据气温自动调节风机的投入数量,有效避免能源的浪费;受环境影响小,冷却效果好,设备使用寿命长;密闭空间内运行,有效解决环境对设备造成的影响,使设备的运行寿命更长,节省维修成本;冷却设备维护工作量小,主要是更换去离子树脂及加水,维护时间为 1～2 年 1 次,人力维护资源的投入大大降低;平均运行损耗小,相比于风冷设备、水冷设备的能耗降低 30%左右,设备投入少。

图 4-16 水冷型动态无功补偿装置

4.9　给排水及水消防工程

4.9.1　概　　述

给排水及水消防工程主要包含给水系统和排水系统，其中，给水系统包含生产、生活给水系统及消火栓给水系统；排水系统主要包含污水系统、废水系统、雨水系统，并按照消防规范等相关要求进行灭火器、消火栓的配置。

4.9.2　设备安装与调试

给排水及水消防工程流程如图 4-17 所示。

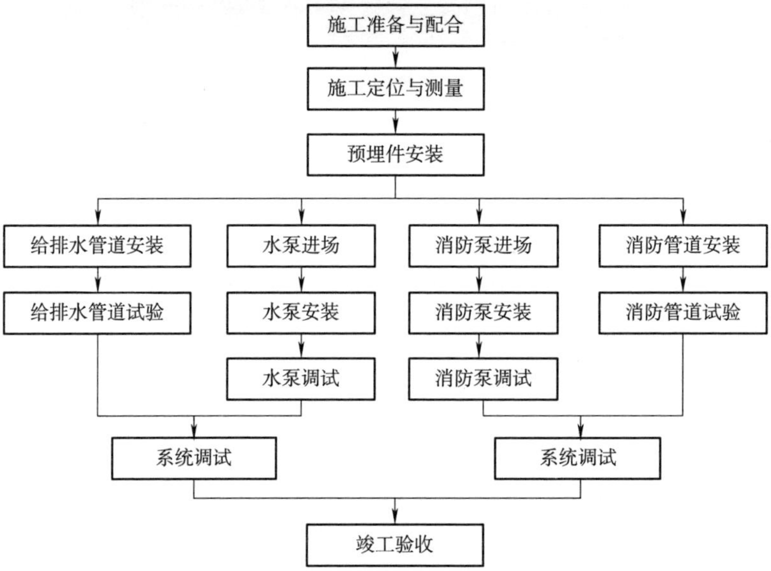

图 4-17　给排水及水消防工程流程图

1. 给排水管道安装

给排水管道安装开始时间为 2019 年 9 月，工期为 275 d，安装流程如图 4-18 所示。管道材质根据《建筑给水排水设计标准》(GB 50015—2019)等相关标准选型配置。

太原地铁 2 号线工程的孔洞套管由土建专业预留。施工前期，在充分理解和消化施工图纸设计意图的情况下，采用 BIM 建模技术在多专业管线交叉相碰时，按照电让水、水让风、风让排污管的原则，避免管线间的交叉冲突，如图 4-19 所示。

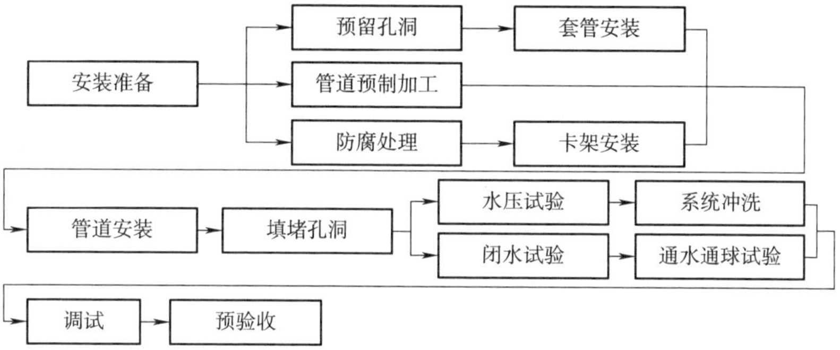

图 4-18 给排水管道安装流程图

施工过程中，严格执行先下水、后上水，先预制、后安装，先主管、后支管等原则组织施工，并对有特殊要求的管道按设计施工验收规范执行施工工序。同时，施工单位在管道安装过程中采用国家发明专利技术——管道防脱支架，有效提高管道安装牢固性，如图 4-19 所示。在安装完成后，对出入口、风亭区域的管道加装保温棉及电伴热，如图 4-20 所示。

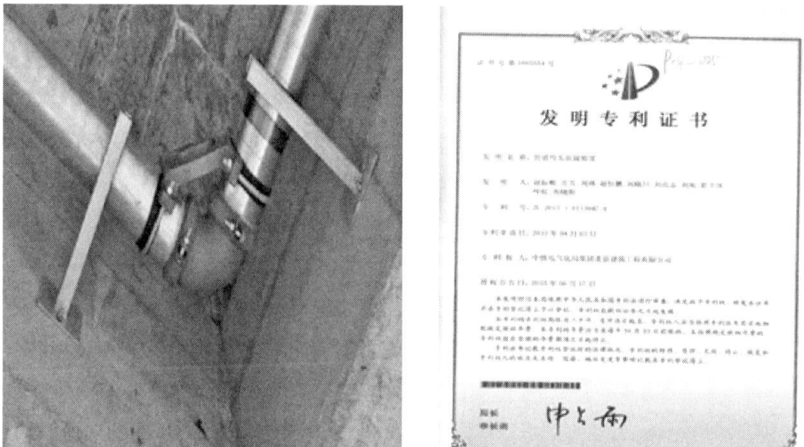

图 4-19 管道弯头防脱支架及专利

2. 卫生洁具安装

卫生洁具开始安装时间为 2020 年 8 月，工期为 1 个月。卫生洁具采用液压脚踏冲洗阀蹲便器、自闭冲洗阀坐便器、感应式冲洗阀壁挂式小便器、单柄水嘴台上式洗脸盆，分设于公共区、残疾人、设备区卫生间。

图 4-20 走廊内管道加装保温棉及电伴热(BIM 建模)

3. 给排水设备安装

设备安装开始时间为 2020 年 4 月，工期约为 2 个月。安装设备包含变频加压提升装置、密闭污水提升装置、消防泵组及潜污泵(风井、出入口雨水泵及车站、区间废水泵)。设备安装前需核验土建预留的设备基础的大小、位置、强度等，并在管道安装过程严格执行相关设计施工验收规范。区间水泵优先完成安装，以保证车站/区间最低点积水能及时抽排。

4. 市政接驳

室外给排水管道与市政接驳前，由市政单位提前规划管线路由，检查是否存在障碍物影响管线敷设，并确定管井位置及安装时间。市政接驳工程与道路恢复工程一并进行，避免后期破路。

5. 成品保护

给排水与消防系统的成品保护主要针对有压管道、各类设备、卫生洁具，并在安装后采取张贴标识、封闭卫生间、封盖水泵泵坑、配备建筑灭火器等保护措施。

6. 设备调试

给排水设备单体调试工期为 3 个月，主要包含消防泵、废水泵、污水提升装置、冷却泵/冷冻泵的运转、扬程、压力等参数的测验；给排水管道的测试主要包含管道的压力测试、气密性测试、检查管道连接是否牢固等。

给排水设备与 BAS、FAS 接口调试工期为 1 个月，测试主要项目有机电系统远程测试、故障报警测试、消防泵与 FAS 联动测试。

给排水设备参与联调联试，工期约为 2 个月，主要测试系统联动功能，具体为综合监控、BAS/FAS、水泵(雨水泵、污水泵、废水泵)的远程控制，需注意综合监控界面下发命令执行情况，以及对不同水位状态启泵的数量。

4.9.3 经验与总结

（1）施工前期，利用 BIM 技术进行综合管线排布时应充分考虑水管保温和管道阀门及部件安装空间和检修空间，避免返工；同时，其他存在预留空间问题一并考虑。

（2）集水坑内水泵、区间水泵安装完毕后应及时清理集水坑内杂物，避免水泵后期运转时吸入杂物损坏水泵。

（3）管道安装时，要加强不锈钢管的压接质量管控，确保压接牢固，避免后期漏水发生。

（4）管道测试前，第一次灌水需注意管道清洗，重点检查阀门开启状态，管路接口、拐弯位置是否发生偏移松动。

（5）无保温管道需加强冬季管道泄水管理，避免管道内存在积水上冻结冰。对于无法排除积水的管路，应考虑增设保温棉、电伴热等防冻措施。

4.10 低压配电及动力照明工程

4.10.1 概　　述

项目低压配电及动力照明工程范围包括太原地铁 2 号线工程西桥站—尖草坪站 23 个车站及相邻区间动力照明设备及管线的安装、调试、验收及保修期内的服务；主要包含 400 V 低压柜、配电箱柜、环控电控柜、EPS 电源柜、电缆桥架线槽、电气配管、动力电缆、控制电缆、灯具、应急照明及疏散系统、智能照明系统、电气火灾监控系统和消防电源监控系统等。

4.10.2 设备安装与调试

低压配电与照明系统施工流程如图 4-21 所示。

1. 变电所 400 V 低压柜安装

400 V 低压柜设备安装开始时间为 2019 年 12 月 10 日开始，工期为 150 d，于 2020 年 4 月 5 日开始送电，2020 年 4 月 30 日完成所有车站送电，如图 4-22 所示。现场对 400 V 低压柜安装的外观质量、垂直度、平整度进行检查，并对电压、电流等各项指标进行检测，满足设计要求；同步检查电缆回路是否按照设计图纸进行敷设及接入接出。

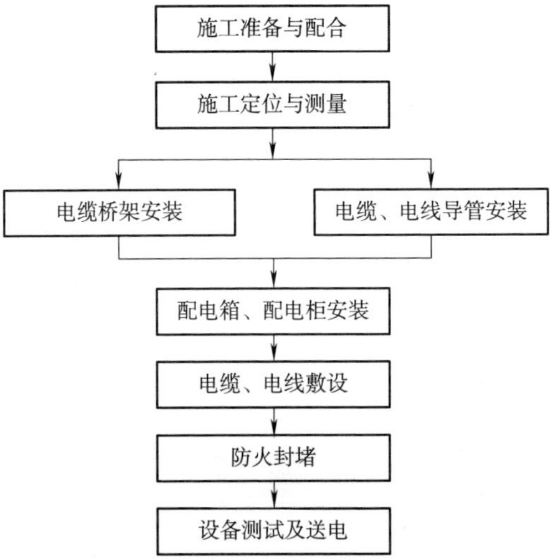

图 4-21　低压配电与照明系统施工流程图

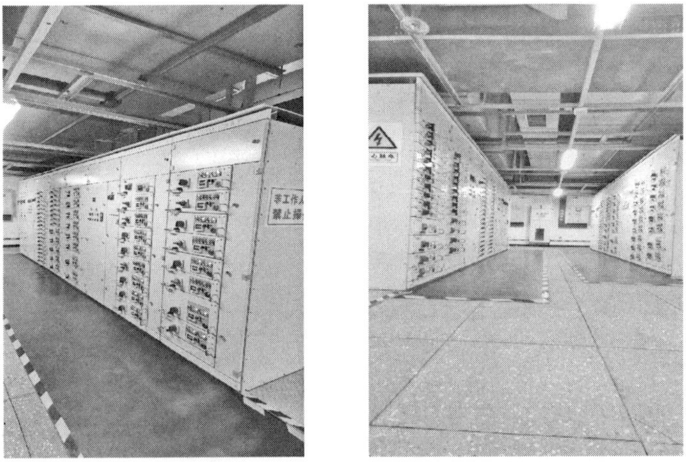

图 4-22　地铁 2 号线 400 V 低压柜

2. 低压配电及动力照明设备安装

(1)低压配电及动力照明设备开始时间为 2019 年 9 月，工期为 275 d，主要为各类配电箱/双切箱、环控柜、应急照明及疏散系统、EPS 电源柜等设备安装。

(2)配电箱安装在环控电控室、配电室内，安装分为明装、暗装两种方式，公共区配电箱体安装方式为暗装，非公共区配电箱体安装方式为明装。

(3)环控柜分别安装于各站两端的环控电控室内，部分风机控制柜就地安装。

(4)应急照明及疏散系统根据最新设计规范,采用24 V低压配电系统,疏散指示采用上下两层布置,分别设置于距地面0.5 m,距顶0.5 m范围内。

3. 电线电缆敷设

电线电缆敷设开始时间为2019年9月20日,工期为275 d,主要内容包含电缆桥架安装与电缆敷设。

电缆桥架采用镀锌电缆槽式防火桥架,镀锌电缆桥架作为动力、控制电缆以及通信电缆敷设之用,型式为槽式,桥架到盘、柜、箱的联络部分采用槽式。电线、电缆导管安装分为明敷与暗敷两种方式,材质为镀锌钢管。动力配电箱至动力设备、照明箱之间及照明支线的保护管为钢管,暗敷设在地板垫层、顶板和墙内。公共区照明支线的保护管为镀锌钢管,明敷设在吊顶内。

电缆敷设根据设计图纸进行,进场前先复核电缆型号是否符合设计要求,严格按照回路要求进行敷设。在设备末端敷设电缆时,采用桥架的方式,避免电缆过多导致设备承压损坏。

4. 公共区灯具安装

工程公共区灯具的功率、回路设计等技术参数由对口专业设计,具体造型、照度由装修专业选样定样。同步灯具安装由装修专业预留洞口,灯具到货后进行安装,其他设备安装也需重点考虑装修预留洞口。

5. 区间电缆、灯具敷设

区间电缆、灯具依托于区间盾构片安装电缆支架,按限界分布图纸进行敷设。但土建单位预留槽尺寸无法直接进行常规电缆支架安装,安装单位通过优化设计采用“新型电缆支架的设计结合盾构片预留槽”,将区间各类灯具、线缆集成于同一系统,同时减少对盾构片的破坏,缩短施工工序,满足设计规范要求。

6. 成品保护

低压配电与照明系统的成品保护主要为灯具的防护、线缆标识的张贴、各类配箱柜及抽屉柜张贴危险标识等,其中灯具主要以防护棉进行防护。鉴于该工程存在一定危险度,在送电后安排专人进行24 h不间断巡视,保障现场安全。

7. 设备调试

低压配电与动力照明系统自2020年3月5日开始送电调试,工期为100 d。设备单调为400 V低压柜、环控柜、各类配电箱等设备的开机测试,检测电流电压值是否稳定;同步逐级监测上下级整定值、电缆回路是否符合设计要求,并对综合接地网是否有效进行测试。

4.10.3 经验与总结

(1)施工前期进行综合管线排布时应充分考虑线槽大小与电缆回路数量是否匹

配及部件安装空间和检修空间是否充足，避免施工完成后线缆空间不足的情况发生。

(2)公共区灯具的布局应和装修设计及深化设计统一，要求装修设计对装修方案进行交底，接收交底人涉及接口专业设计及施工，避免不同专业间的差别导致返工整改。面板类灯具安装完成后及时做好成品保护，避免施工期间灰尘进入灯具内，造成灯具面板脏污，影响照度及美观。

(3)公共区配电箱体应于安装之前及时与装修专业沟通核对铝板预留洞口位置，还应核实箱体厚度与装修完成面是否相符，以便于设备操作及检修作业，避免返工。

(4)配电箱线路敷设完成后，应及时粘贴标签，并将线路走向标记于图纸上，以便后期查阅、核对。

(5)车站设备接地系统要做好交接手续，并做好复查复核工作，对设备房间及用电设备的加电要加强管理和责任管控。

4.11 通风空调系统工程

4.11.1 概　　述

太原地铁2号线一期工程全线23座地下车站及区间隧道(含出入段线、联络线等)的通风空调与采暖系统及防排烟系统包括以下四个子系统：

(1)区间隧道活塞通风、机械通风兼排烟系统；

(2)车站站厅层和站台层公共区(含车站站台轨道区)通风空调系统兼排烟系统(简称“大系统”)；

(3)车站设备管理用房通风空调系统兼排烟系统(简称“小系统”)；

(4)车站设备管理用房空调水系统(简称“水系统”)。

4.11.2 设备安装与调试

通风空调系统工程施工主要包含车站及区间的隧道通风系统、车站公共区通风空调和防排烟系统、车站管理及设备用房的通风空调和防排烟系统、车站制冷系统、车站空调水系统的设备材料采购、安装、调试、联调、验收工作等。

1. 通风空调系统设备安装

通风空调系统设备安装主要包括各类风机、蒸发冷凝式直膨空调机组、多联机组、冷却塔等大型设备。大型设备主要集中在A、B端机房和风道，大型设备进场垂直运输采用风亭组进行垂直吊运，并按确定安装位置→划线标位→打膨胀螺栓→固定设备的顺序进行安装。室外机安装前检查基础是否施工完成并满足要求，确保具有足够的维修空间并防止通风短路现象的发生。地铁2号线空调系统选用机组为蒸发冷凝式直膨空调机组,也是国内首条全线应用蒸发冷凝式直膨机组的线路。

2. 支吊架安装

支吊架的预埋件位置应正确、牢固可靠,埋入部分应除锈、除油污,并不得涂漆,外露部分应做防腐处理,如图 4-23 所示。支吊架的预埋件或膨胀螺栓应与主体结构固定牢固,并做拉力试验。

图 4-23 支吊架安装图

3. 风管安装

风管系统安装前,应进一步核实风管及送回(排)风口等部件的高程是否与设计图纸相符,检查土建预留的孔洞预埋件位置是否符合要求,并将预制加工的支吊架、风管及部件运至施工现场,根据工程量大小分段进行安装。风管安装完成后需进行风量实验、气密性实验,确保各区域风量满足设计要求。

4. 成品防护

通风空调系统的成品防护有各类风管张贴标识防止破坏、机组安装后柜体的防变形、补水泵及冷冻水管的防泄漏、冷媒的防泄漏、出回风口的清洁、风道风机中杂物的清理等,主要通过张贴警示标识,定期派人员巡视查验等措施实现。

5. 设备调试

通风空调系统单体调试通过通风排风系统、排烟系统、大系统、小系统的开机运行进行蒸发冷凝式直膨空调机组、柜式空调机组、多联机等设备试运转、空调水系统的冲洗。单体调试后配合综合监控、FAS 系统、BAS 系统对标段内机电设备进行联调联试工作，核查机电设备的遥信、遥控、遥调、遥测功能，检测接口协议的正确性，并进行系统无负荷联合试运转调试、系统设计负荷联合试运转测试。

4.11.3 经验与总结

(1)施工前期进行综合管线排布时应充分考虑风管、风阀、风机、出风口安装空间和检修空间，特别是吊装风机和上部管道风阀。

(2)施工期间要注意设备的成品保护，以及空调系统的防尘防污染。

(3)室外设备要充分考虑设备运行噪声对周边环境的影响。室内设备要充分考虑散热问题，避免散热不佳对系统运行，甚至各重要设备房间内设备运行产生影响。

(4)大、小系统要严格验证系统负荷及风量，确保系统每一处区域都能满足规范要求。

(5)由于太原夏季室外温度保持 27 ℃左右，且太原地铁 2 号线全部为地下车站，车站内温度在不开启空调机组进行制冷的情况下，仍保持较为舒适的环境，故 2 号线全线应用蒸发冷凝式直膨机组是一种设计上的富余，后续线路可考虑减少此方面的投资。

4.12 火灾自动报警系统(FAS)

4.12.1 概　　述

1. 火灾自动报警系统

太原地铁 2 号线设置火灾自动报警系统，用于实现全线火灾信息的全面集中监控，在火灾初期及时发现并联动相关消防设施进行补救，从而减少损失。系统由控制中心的中央级系统，车站、车辆基地的车站级系统，现场级设备，主干网，维修管理系统，培训系统等部分组成。车站级火灾自动报警系统由火灾报警控制器、消防电话、图形显示工作站、火灾探测器、声光报警器、消火栓按钮、手动报警按钮、输入/输出模块等设备构成。

2. 气体灭火控制系统

工程设置气体灭火控制系统，实现对车站内气体灭火系统的控制功能。气体灭火控制系统由气体灭火控制器、声光报警器、放气指示灯、手动/自动转换开关、紧急停止/喷放按钮及各气灭保护区探测器等设备构成。气体灭火控制装置启动、喷放各阶段的联动控制及系统的反馈信号反馈至火灾报警控制器。

4.12.2 设备安装与调试

1. 控制室内设备安装

(1)火灾报警控制器、消防电话主机、消防电源箱在控制室内采用立柜安装。

(2)图形工作站安装在综合监控系统临窗工作台上。

(3)消防立柜采用落地安装的方式,应安装牢固不应倾斜,底边宜高出地面100～200 mm。

2. 模块箱安装

(1)模块箱在设备房内采用挂墙安装方式,采用下进线方式。

(2)模块箱底边距装修完成地面1.0 m,其靠近门轴的侧面距墙不应小于0.5 m,正面操作距离不应小于1.2 m。

(3)模块集中安装在模块箱中,放线时应注意导线的预留量应超过模块箱体周长的一半。

3. 手动报警按钮、消火栓按钮、电话插孔安装

(1)手动报警按钮及消防电话插孔明装在墙上,安装高度为底边距装修完成地面1.4 m,手动报警按钮在消火栓箱旁明装,手动报警按钮安装牢固平正,操作时应动作灵敏,没有卡壳的现象。

(2)车站内消火栓按钮安装在消火栓箱内,地下区间的消火栓按钮及手动报警按钮应安装在防水盒内。

(3)电话插孔应安装在手动火灾报警按钮旁,电话插孔应做好防潮处理。

4. 点型火灾探测器安装

(1)探测器至墙壁梁边的水平距离不小于0.5 m,探测器至空调送风口水平距离不小于1.5 m。

(2)在宽度小于3 m的走道顶棚上设置探测器,宜居中布置。

(3)探测器宜水平安装,当倾斜安装时,倾斜角度不应大于45°。

(4)不设置吊顶的设备房间内,点型火灾探测器安装在结构顶板下;设置吊顶的办公用房安装在吊顶下。

(5)站厅层公共区吊顶材料为大镂空率的格栅或金属钢扎网,探测器安装在吊顶内的结构顶板下,局部区域的吊顶为不镂空形,探测器安装在吊顶下。

5. 吸气式感烟火灾探测器安装

(1)探测器采用反向方位安装,空气管从左下端进入,控制器安装高度宜为1.35 m。

(2)一个探测单元的采样管总长不宜超过200 m,单管长度不宜超过100 m。

(3)管路采用外径25 mm的低烟阻燃ABS管,每隔1.5 m或更短距离固定管

道，管道改变方向时应采用圆弧形弯头，不可用直角弯头。

6. 消防电话、声光报警器安装

(1)消防电话分机挂墙安装，底边距装修完成地面不小于 1.4 m。

(2)声光报警器在墙体上明装，在设备区其底边距装修完成地面垂直距离应大于 2.2 m，其垂直管线暗敷。

7. 气体灭火设备安装

(1)气体灭火控制器采用挂墙明装，安装在每个气体灭火保护区外侧，控制器底边距装修完成地面不小于 1.3 m。

(2)紧急启动/停止按钮、手/自动转换开关安装在保护区外墙上，设备中心点距装修完成地面不小于 1.5 m。

(3)声光报警器安装在保护区内、外墙上对应位置，设备下边沿距装修完成地面高度应大于 2.2 m。

(4)火警电铃安装在保护区内墙上，设备下边沿距装修完成地面高度应大于 2.2 m。

(5)手/自动转换开关指示灯安装在保护区内，与门外手自动转换开关应在同一高度。

(6)放气指示灯装于保护区外侧，门框上部适当位置。

8. 系统调试

(1)系统调试包话系统单体设备调试；现场级、车站级、中央级(全级)设备联调；相关系统总联调等几个阶段。

(2)查看综合监控系统对火灾报警控制系统设备的监视功能是否正常，查看综合监控系统能否按照协议规定正确接收 FAS 系统信息，查看综合监控系统对 FAS 系统能否发送正确信息。

(3)通过综合监控系统与 FAS 系统接口冗余链路切换功能测试，确保综合监控系统与 FAS 系统的网络可以正常切换且不影响双方数据通信。

(4)检验车站火灾模式信号是否正常。在 FAS 工作站发送一个火灾模式号，综合监控专业确认是否收到该模式指令，并确认对应 IBP 盘信号灯点亮，火灾模式指令与执行反馈应及时反馈给车站 FAS 与综合监控专业。

(5)检验火灾自动报警控制系统、气灭系统能否在火灾的情况下实现相关的联动动作，并检验该联动动作信息是否能够正确传递给综合监控系统。将 IBP 盘打手动位，隔离三级负荷总开关及三类负荷的控制模块，断开气体灭火系统的启动钢瓶电磁阀回路。在气体保护区房间用烟枪(电风筒)测试气体灭火系统烟感/温感，用红外测试红外对射探测器，模拟火警信号，查看钢瓶控制盘、FAS 工作站(FAS 气体迷惑控制盘)、综合监控系统是否收到正确火警信号，然后进行复位。

现场FAS专业组在气体保护房间用烟枪(或电风筒)模拟预报警信号(火警)、确认报警信号(二次报警),现场确认房间内和房间外声光报警是否动作,确认报警启动后检查AF阀等受控设备是否正常动作。确认报警信号发出,自动延时30 s内,按下保护区外停止按钮,检查是否停止倒数,钢瓶控制盘检查手动停止灯是否亮,在FAS工作站查看是否接收到正确的喷洒延时、启动喷洒、手动延时、手动停止信号。现场按下气体灭火手动启动按钮,测量启动电磁阀是否有正确的启动电压并记录输出电压数值,检查手动启动灯是否亮。在钢瓶控制盘上模拟钢瓶控制盘系统故障信号,打开管道上的压力开关模拟气体喷洒信号,在电磁阀上模拟电磁阀故障信号,在手自动转换按钮上模拟手动信号,并在钢瓶控制盘上检查故障信号灯、气体喷洒灯、手/自动灯是否亮,FAS工作站上查看是否接收到正确的手/自动启动信号、系统故障信号、气体喷洒信号、电磁阀故障信号、气体灭火防护区手动信号。

4.12.3 经验与总结

(1)设计联络阶段,召开接口联络会,明确接口界面、接口内容、监控点表及接口测试内容。

(2)深化设计阶段,应根据现场条件,统一考虑整个火灾自动报警系统的硬件配置、应用软件设计,协调管理好整个火灾自动报警系统的完整性和一致性设计。尤其是车站装修吊顶检修口的预留,需要及时向装修专业提资,部分设备端口设置不足,需及时调整设备数量。

(3)综合联调包括火灾自动报警系统(含气灭控制)与其他系统的所有接口功能试验和联合调试试验,在此期间由建设单位组织监理单位、施工单位、设备厂商等进行测试。

(4)在火灾工况时,火灾自动报警系统(含气灭控制)与设备监控系统共同执行火灾工况的控制操作,要求对整个火灾自动报警系统(含气灭控制)成功通过消防检测、消防验收。

4.13 环境与设备监控系统(BAS)

4.13.1 概　　述

环境与设备监控系统负责对全线各站点机电设备(通风空调、给排水、动力照明、电/扶梯等)进行集中监控和日常管理,在满足环境调控的同时进行节能管理。在车站建筑以及隧道中,BAS系统根据建筑、温湿度、季节、时间表状态等数据为乘客和工作人员提供舒适的环境;当出现火灾时,BAS系统根据FAS系统的联动指令将各机电设备转换为具有针对性的紧急模式，帮助人员进行疏散和灭火工作。

太原地铁2号线BAS系统采用控制中心和车站两级管理，中央、车站、就地三级控制方式，如图4-24所示。BAS系统由中央级、车站级、现场级网络和主干网构成。中央级和车站级集成于综合监控系统，中央级和车站级监控功能由综合监控系统实现。

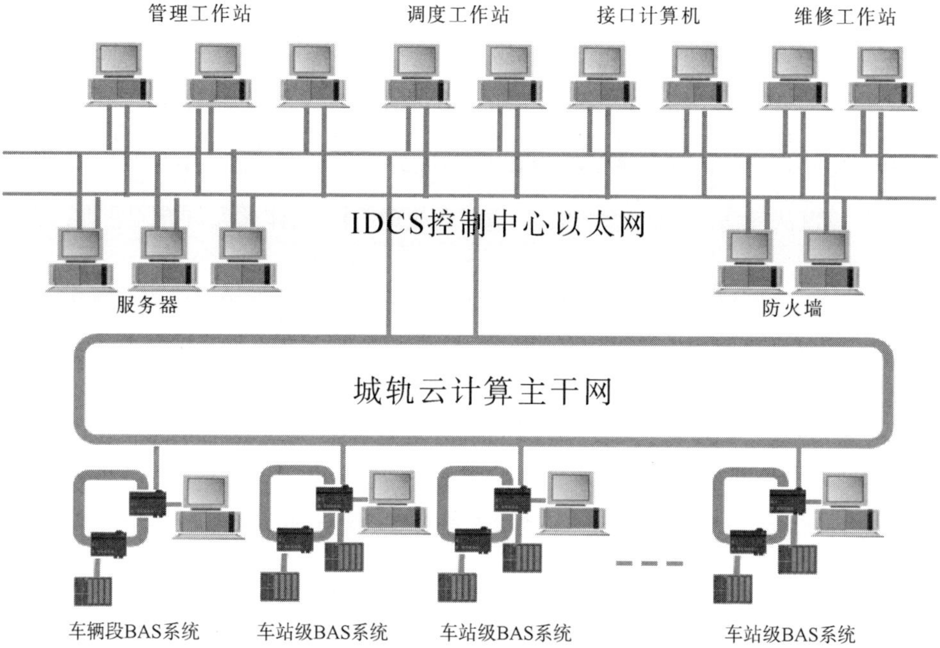

图4-24 BAS系统全线网络结构图

4.13.2 设备安装与调试

1. 设备安装要求

1)控制柜及模块箱的安装

BAS系统在车站两端的环控电控室内各设置一套PLC控制柜及一套模块箱柜，控制柜的安装基础槽钢由动照专业设置并预留，控制柜的安装应服从动照专业的整体工艺布置要求进行。

模块箱采用挂墙明装方式，下边距装修完成地面不小于1.0 m，高度宜与同一房间内其他专业的箱体齐平，箱体挂墙安装的位置以不影响美观和消防安全的位置为最佳。模块箱采用下进线下出线方式，照明配电室内BAS模块箱安装及引入动照配电箱的线缆走线布置应服从动照专业的整体布置要求。

2)温湿度传感器、二氧化碳浓度传感器的布置和安装

(1)传感器安装后必须固定牢固，BAS施工单位需与装修等施工单位配合，确保安装的整体美观。公共区内安装的传感器均采用背出线安装方式，安装高度为3 m。

(2)传感器的安装位置及高度以暖通施工图为基准，施工单位可根据现场具体情况并满足相关规范标准的前提下进行调整，传感器安装应注意如下要求：

a. 不应安装在阳光直射的位置，远离有较强振动、电磁干扰的区域，其位置不能破坏建筑物装修层外观的美观与完整性。

b. 应尽可能远离高窗、门和出风口的位置，如无法避开，则与其距离不应小于2 m。

c. 设置在房间内的温湿度传感器，可以安装在墙上，距建筑地面不小于2 m。

d. 风管式温湿度传感器应根据通风空调图纸中的相关传感器布置位置进行安装。

2. 综合布线要求

(1)所有穿线及防护的金属钢管和金属线管内部要求光滑，并应在金属管或金属线槽上采取防火保护措施，线槽采用内外喷塑为并刷耐火极限为1.5 h的超薄膨胀型钢结构防火涂料，钢管采用镀锌钢管并刷耐火极限为1.5 h的超薄膨胀型钢结构防火涂料。信号线与电源线、接地线应分别穿管或线槽敷设(线槽内应设置强弱电隔高板)。

(2)穿越电缆井的通信电缆，控制电缆和光缆要求穿钢管，并有支架固定防护，与高低压的电缆分别布置在电缆井的两侧。

(3)箱体、柜体和IBP盘体内接线应保证横平竖直，长度应适中，不可因过长在线槽内堆积或过短造成导线受力；从穿线管引出到传感器等设备的控制电缆应加金属软管保护，长度满足规范要求。

(4)所有的电缆不得在中间驳接、不得使用T形接法、电缆引出部分外皮不得遭受损伤，相邻的BAS模块箱/柜之间必须使用光缆敷设至模块箱/柜内后使用终端盒及尾纤连接，不得直接使用尾纤连接；BAS模块箱电源线应单独穿管或在线槽内的强电隔舱内敷设，不应与控制线共槽敷设。站内系统组网配置如图4-25所示。

3. BAS系统调试

1)调试内容

BAS系统调试的实质是验证站内各PLC间通信。BAS系统所监控的设备主要包括空调机组、回排风机、开断风阀、调节风阀、送风机、排风机、冷水机组、冷冻水泵、冷却水泵、冷却塔、隧道风机、开断型电动蝶阀、二通调节水阀、温湿度传感

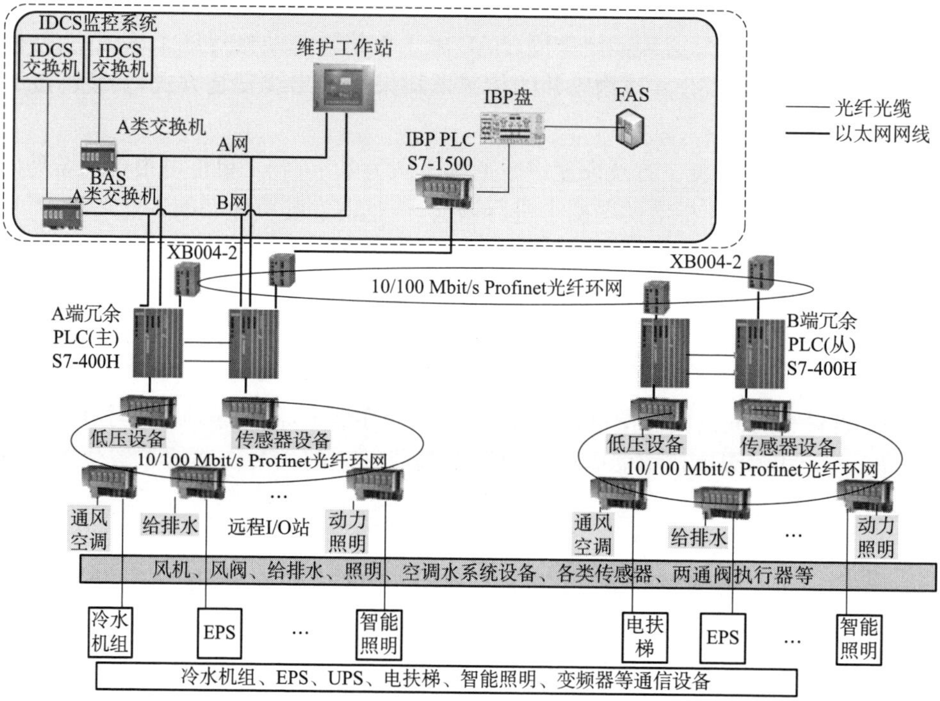

图 4-25 站内系统组网配置图

器、压力传感器、电磁流量计、电扶梯、排污泵、节电照明、普通照明、智能照明以及IBP 盘等。

2)系统调试应具备的条件

在 BAS 系统进行车站设备调试前,现场及其他系统应完成如下工作或满足以下条件:

(1)大系统空调机组变频器柜到大系统空调机组的单体调试完成,其设备在现场手动状态下完全正常进行,同时在自动(或遥控)状态下允许 BAS 系统随时启动、运行,具备系统调试条件。

(2)回排风机变频器柜到回排风机的单体调试完成,其设备在现场手动状态下完全正常进行,同时在自动(或遥控)状态下允许 BAS 系统随时启动、运行,具备调试的条件。

(3)隧道风机的电控柜到隧道风机的单体调试完成,其设备在现场手动状态下完全正常进行,同时在自动(或遥控)状态下允许 BAS 系统随时启动、运行,具备调试的条件。

(4)空调小系统的电控柜到小系统空调机组的单体调试完成,其设备在现场手动状态下完全正常进行，同时在自动（或遥控）状态下允许 BAS 系统随时启动、运行，具备调试的条件。

(5)电动风阀的现场控制箱到风阀控制器及风阀的单体调试完成，其设备在现场手动状态下完全正常进行，同时在自动（或遥控）状态下允许 BAS 系统随时启动、运行，具备调试的条件。

(6)冷冻水泵、冷却水泵的电气控制箱到相应泵的单体调试完成，其设备在现场手动状态下完全正常进行，同时在自动（或遥控）状态下允许 BAS 系统随时启动、运行，具备调试的条件。

(7)冷却塔风机的电气控制箱到相应冷却塔风机的单体调试完成，其设备在现场手动状态下完全正常进行，同时在自动（或遥控）状态下允许 BAS 系统随时启动、运行，具备调试的条件。

(8)冷水机组设备在现场手动状态下完全正常进行，同时在自动（或遥控）状态下允许 BAS 系统随时启动、运行，具备调试的条件。

(9)工作照明、节电照明和广告照明电气控制柜单体调试完成，其设备在现场手动状态下完全正常进行，同时在自动（或遥控）状态下允许 BAS 系统随时启动、运行，具备调试的条件。

3)BAS 系统调试方法

因 BAS 系统接口多，机电设备供应厂商多，调试时按照同类设备（或相同厂商供应设备）分子系统调试，这样有利于各专业协调配合，及时得到厂商的技术支持，使调试工作更有效、顺利地完成。主要项目的调试方法如下：

a. 直升电梯、自动扶梯系统调试

每台电梯、扶梯单独接入现场总线网络，直接与上位机通信。

b. 给排水系统测试

给排水系统包括排污系统、排雨系统、生活给水系统、污水处理系统等，工作原理基本相同。以污水处理系统为例，污水处理由调节池、污水处理装置及排放池三个部分组成。车站废水经污水管道排放至调节池，当调节池内存水达到中球（浮球）液位时，调节池主泵启动排水。废水经污水处理装置处理后送至排放池中存放，当排放池中水位达到中球（浮球）液位时，排放池主泵启动将存水排放至市政排水管道中。

c. 低压配电系统测试

低压配电系统测试包括回路分合闸控制、转换开关状态返信、开关或接触器分合状态返信、开关的脱扣返信等。

d. 组合空调机测试

组合空调机测试包括新风、回风处理，送风控制，回、排风控制及新风补充四个环节。

e. 重要场所的环境监控

在站台、站厅设二氧化碳测点，根据其浓度调节新风比；在站台、站厅、隧道设温度测点，根据其温度调节空调机组的进水阀，确保重要场所的温度为设定值；在站台、站厅设湿度测点，以便根据测量数据对重要场所空气人工进行加湿、除湿处理。

f. 水系统群控测试

水系统群控测试包括冷却塔、水冷机组、风冷冷水机组、冷却泵、冷冻泵及空调机等。车站公共区集中空调采用冷水机组，设备及管理用房小系统空调采用风冷机组。

4.13.3 经验与总结

1. 施工经验

做好技术联络，必须提前组织 BAS 系统厂家与各需监控设备厂家进行技术沟通，明确提出 BAS 系统接口要求；如果采用通信接口，需明确双方可提供及可接受的通信协议及接口类型，并达成一致意见；明确 BAS、FAS 与其他系统之间是否有联动关系，以及通过何种方式及条件实现联动功能。

注意与 BAS 系统相关设备及系统的施工、安装进度，以便安排 BAS 系统相应管线施工及设备安装进度。管线施工时要与给排水专业、消防专业、动照专业对接，合理安排各种管线在空间上的布置。

BAS 系统调试过程中，FAS 系统的调试中报警回路测试工作尤为重要，只有在回路都搜通、所有相关设备的地址码全部搜回的情况下，才可以进行编程，进而上传主机程序，之后才可以进行下一步的调试工作。

2. 施工总结

(1)在环境与设备监控系统和综合监控系统招标文件中需明确要求增加计量标定开项，并给出费用界面划分；BAS 属于计量系统，BAS 在投运前，应对系统自身、传感器、发送器、执行器、调节阀等进行计量标定。对需要现场进行点位和量程迁移的，必须给出调试计量标定记录及合格证，否则测量的数据不准，监测没有意义，并会误导操作人员。

(2)BAS 系统作为与风水电接口最多的专业，在设计联络及实施阶段应充分做好接口谈判、接口调试。应组织协调 BAS 设备厂商对各专业接口功能进行梳理，整理好存在的问题及功能不明确的问题清单并报建设单位、运营单位。建设单位组织设计单位、监理单位、施工单位、BAS 厂家与各接口厂家进行接口问题答疑，明确接口功能、接口形式、接口协议等内容；避免因设计联络会接口谈判不全面导致的后期返工、功能缺失。

(3)BAS 系统设备零散繁多，尤其是各类通信模块需施工前期及时供货到场安装。由于施工图纸中往往不能精确具体的安装数量，在厂家排产前，务必协调设计单位出具正式排产建议单，明确各类设备现场安装需求数量，供厂家精确投产，避免排产量过高或过低造成的产能浪费或工期延误。

4.14 自动售检票系统(AFC)

4.14.1 概　　述

太原地铁 2 号线自动售检票系统工程范围包括一期工程的 23 座车站、1 座车辆段、1 处控制中心，如图 4-26 所示。AFC 系统为一个封闭式收费系统，系统采用自动、半自动售票，以自动售票为主，人工售票为辅，自动检票。系统使用非接触式乘车凭证，采用计程、计时票制。AFC 系统兼容全国一卡通，并兼容金融 IC 卡小额支付、移动支付的功能。

图 4-26　自动售检票系统

1. 系统组成和网络架构

1)系统组成

AFC 系统采用线网清分系统(ACC)、线路中央计算机系统(LC)、车站计算机系统(SC)、车站终端设备(SLE)、票卡五层架构。其中 LC 系统搭载于城轨云平台上,实现票务数据全面的统一管理。

(1)清分系统(ACC)

综合考虑远期发展和线网规划,满足将来 AFC 系统网络化运营和管理的要求,实现联网运行及无障碍换乘,实现轨道交通“一票通”和“一卡通”的运营需求。综合考虑线网规划和建设规划,根据经济、实用等原则,在线网建设形成一定规模时建设线网清分系统,考虑到 2 号线是太原市轨道交通线网的第一条线路,在清分中心设置清分系统,满足太原市轨道交通 AFC 系统的收益清分对账、数据交换以及 2 号线与近期建设的 1 号线、3 号线 AFC 系统运营管理和内部清分等,并与银行系统、移动系统(移动支付)等接口。

(2)线路中央计算机系统(LC)

LC 系统可对 AFC 系统内部的所有设备进行监控,实现对系统运营、票务、财务及维修的集中管理功能。LC 系统可采集、处理系统内各类数据,制定、维护系统各类参数,下达系统各类命令,同时为系统提供高度的安全机制和严格的操作规程;向 ACC 上传交易数据和管理数据;通过清分系统实现本线路与轨道交通网络后续其他线路以及城市一卡通之间的结算。

(3)车站计算机系统(SC)

SC 系统包括每个车站的车站服务器 1 台、票务工作站 1 台、监控工作站 1 台、网络打印机 1 台等。软件由操作系统软件、数据库系统软件、车站级应用软件和防病毒软件等构成。SC 系统负责本站车票的循环管理、报表统计及查询、设备状态监控、紧急模式下发等。

(4)车站终端设备(SLE)

SLE 设备包括 174 台自动售票机、456 通道自动检票机、90 台半自动售票机、160 台便携式检验票机,各站的车站终端设备根据客流量合理分配不同的数量。

(5)票卡

AFC 系统实体乘车凭证使用非接触式车票作为乘车凭证,储值票采用 CPU 卡。AFC 系统电子乘车凭证采用 NFC 模拟卡、二维码票卡及人脸票。同时 AFC 系统还具备处理非接触式 IC 卡乘车凭证的能力,包括“一卡通”票卡及轨道交通专用非接触式 IC 卡乘车凭证。AFC 系统具备银联云闪付的支付、检票的能力。

2)网络架构

AFC 系统控制信息与车站之间由通信传输网连接。控制中心至车站/车辆段利用通信传输系统提供的 1 000 Mbit/s 通道完成数据传输;车站的网络采用 1 000 Mbit/s 工业环形以太网。网络架构如图 4-27 所示。

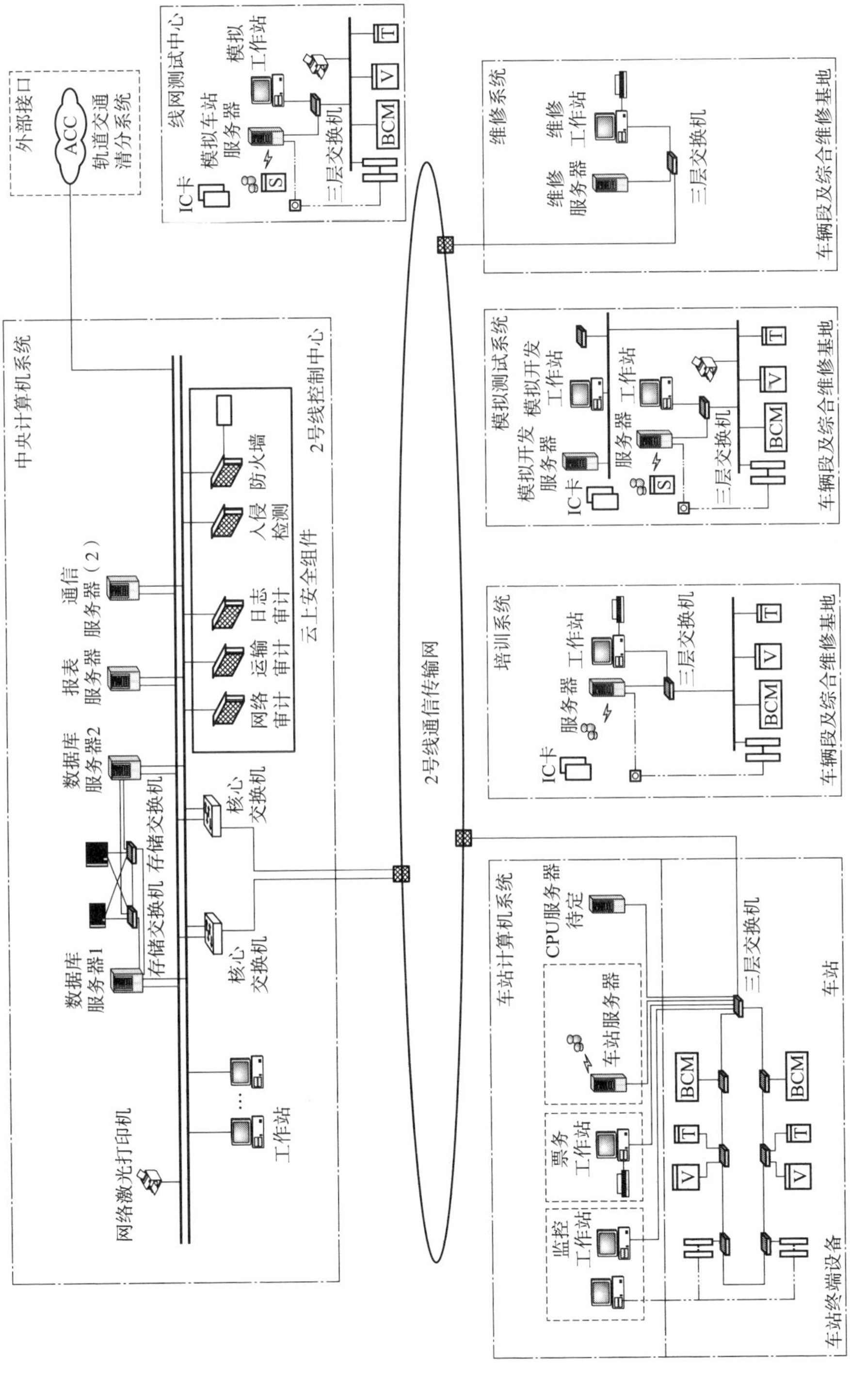
外部接口
ACC
轨道交通清分系统
线网测试中心
IC卡
模拟车站服务器
模拟工作站
三层交换机
BCM
V
T
S
维修系统
维修服务器
维修工作站
三层交换机
车辆段及综合维修基地
模拟测试系统
模拟开发服务器
模拟开发工作站
服务器
工作站
三层交换机
车辆段及综合维修基地
培训系统
服务器
工作站
三层交换机
车辆段及综合维修基地
中央计算机系统
2号线控制中心
防火墙
人侵检测
日志审计
运输审计
网络审计
云上安全组件
通信服务器（2）
报表服务器
数据库服务器2
数据库服务器1
存储交换机
存储交换机
核心交换机
核心交换机
工作站
网络激光打印机
2号线通信传输网
车站计算机系统
CPU服务器待定
车站服务器
票务工作站
监控工作站
三层交换机
车站
车站终端设备

图 4-27 网络架构图

2. LC 功能特点

1)运营管理

LC 可以集中控制整个系统的运行,可向各车站、各设备下达控制指令。对设备的监控主要包括网络通信、设备运行状态、设备故障报警等,并可集中监控系统内客流情况并生成客流统计报告,以提供制定运营计划的基础数据。

2)票务管理

对车票出入库、发行、发售、回收、调配等流程进行处理,实现对车票动态库存管理。接受轨道交通清分系统的车票调配管理,对本线路车票进行配送和调配管理。向清分系统的清算系统上传所有车票在本线路内发生的交易原始数据(售票、加值、消费交易);对系统内使用的车票进行全面跟踪,提供车票交易历史数据及车票余值数据,以防止车票被滥用、复制及伪造等,降低由于欺骗行为和设备的故障所引起的财务损失。

3)收益管理

可根据车站每日收益报告与车站收益进行核算并形成报告;可根据设备数据、车票交易数据、收益数据等生成各类收益统计报告;向 ACC 上传单程票和储值票的原始交易数据,根据清算对账规定和原则实现与清分系统的清算对账功能。

4)监控与维修管理

具有系统运作日志管理、系统网络监控、数据库运作监控、系统审计等功能;能记录全部的用户登录、参数下载、文件传输事件;可集中统一对设备部件进行管理,系统设备所有的部件均应有部件编号,可对备品备件库内的所有设备进行管理。

5)安全管理

根据不同的系统、设备进行不同的权限设置,并可对各管理人员、操作人员、维修人员进行权限管理。

6)计划管理

线路中央将根据所采集的数据及统计数据生成有关的分析数据,为系统运营、票务、财务及维修等方面提供决策支持分析数据,依据统计及分析既有的数据,分析今后的发展趋势。

7)数据管理

线路中心能检查及处理异常、遗漏、重复、延迟及伪造的数据,并对所有系统设备各种类型数据的连续性进行跟踪。在数据传输过程中对数据进行加密及解密,以确保数据传送过程的安全,并采用先进的算法确保数据传送的完整性。

8)参数管理

参数类型主要包括运行参数、车票参数、收益参数、安全参数等。为了便于维修和参考,可根据各参数的属性来进行分类、维护及管理。

9)日志管理

具备日志管理功能,日志可记录系统软硬件运作过程中产生的各种事件。

10)报表管理

可按要求生成不同时段的报表。报表的数据来源包括系统内所有设备的运行、车票交易、收益、维修数据等。

11)后台维护管理

线路中央提供在线备份及恢复功能,对关键数据、文件及系统平台具有备份及恢复的处理功能。

12)时钟管理

系统时钟取自轨道交通清分中心系统。系统具备时钟同步功能,与清分中心时钟通过 RJ45 标准接口进行连接,时钟信息由线路中央计算机系统下传到各车站计算机系统和 AFC 终端设备。当车站计算机系统、AFC 终端设备时钟与线路中央计算机系统下传的时钟不同时,可自动更正为下传的时钟,并将该信息上传到线路中央计算机系统。

4.14.2 设备安装与调试

1. 设备安装

1)设备布置原则

(1)为保证票款安全,现金功能售票机采用嵌入式安装方式,为保证检修空间,距装修后墙 1 000 mm 布置,并需注意机器距离侧墙或柱子不小于 250 mm。

(2)自动查询机布置于非付费区,与半自动售票机间隔 200 mm 布置。

(3)为保证检修空间,检票机侧面与墙或柱子需预留检修空间,装修后净距需不小于 150 mm;进出站检票机通道净距为 550 mm,双向检票机宽通道净距为 900 mm。

(4)在车站预留远期设备的安装位置及预埋电缆线槽。

2)网络组成要求

采用 ACC、车站二级组网;ACC 与车站之间由云平台提供传输网连接。传输网络由云平台统一规划,通信协议为 TCP/IP。

2. 系统调试

1)单机测试

(1)进行通电试验,检验设备是否在工作状态,设备控制是否正常。

(2)检验车站主机与售检票设备之间通信是否正常,数据是否能正常传输。

(3)验证系统和设备的功能是否能正常实现,测试性能是否达到要求指标。

(4)验证系统控制是否正常。

单机测试后,整个 AFC 系统可开始系统调试,包括系统功能和技术指标测试等，并要达到设计要求。

2）SC 系统测试

（1）在单台设备试验完成后，应进行车站系统测试，以证明各个车站系统的技术指标、系统功能满足设计要求。

（2）测试方案应包括不限于：

①对车站系统进行主副电源倒换测试，确定是否满足电源倒换要求。

②车站系统的各种运营模式的测试、SC 与车站现场终端设备之间数据传输及下载黑名单测试、紧急按钮测试等。

3）LC 系统测试

（1）LC 系统功能及性能测试。

（2）LC 系统的压力测试：针对验算系统的运行能力和水平，提供有关的设计计算和系统负荷测试分析。测试分析报告中需包括大客流压力测试、系统总体分析、CPU 利用率分析、内存资源利用率分析、存储系统利用率分析、网络资源利用率分析等。

（3）LC 系统网络测试：各 SC 系统交易数据及设备日志能统一通过 LC 系统上传至 ACC 系统。

3. 云平台接口

LC 的上云硬件组成包括业务服务器、数据库服务器、历史服务器、通信前置服务器、磁盘阵列等，线路中心的安全设备由终端安全管理、日志审计、网络审计、运维审计、漏洞扫描、防火墙等组成。

LC 的控制终端设备由控制中心工作站、网络打印机等网络设备组成。线路中心系统的所有服务器、管理工作站均由城轨云平台提供。数据库服务器、通信服务器、交易应用服务器、应用服务器均采用高可用群集方式运行，从而保证系统的安全和稳定。

4.14.3　经验与总结

太原地铁 2 号线 AFC 系统是将 AFC 传统架构搬上云平台，虽然采用 B/S 架构，研发层面也将终端设备操作员权限、票务/收益系统的权限、LC/SC 账户管理三套系统统一，采用中心、车站、终端三级管理，方便运营维护使用。全线车站自动检票机均支持人脸票进出站，属全国首例。互联网票种种类多，支持人脸单程票、App 人脸电子票、二维码票、纸质二维码票，给乘客的出行带来了极大的方便。

与传统 AFC 系统相比，LC 上云平台后的 AFC 系统网络构成采用 ACC、车站二级组网；ACC 与车站之间由云平台提供传输网连接。传输网络由云平台统一规划，通信协议为 TCP/IP。主要包括 ACC 至车站/车辆段网络：采用由云平台提供的1 000 Mbit/s以太环网，线路侧为冗余接口；车站的网络采用1 000 Mbit/s工业环形以太网。

4.15 自动扶梯和电梯

4.15.1 概 述

太原地铁2号线一期工程电扶梯共计352台，其中自动扶梯299台(站内扶梯99台，出入口扶梯200台)，电梯53台(站内电梯23台，出入口电梯30台)，如图4-28所示。太原地铁2号线一期工程自动扶梯和电梯能适应太原气候，适应全年54%平均相对湿度以及−23～39.6 ℃环境温度。可达到每天工作20 h(含待机时间)，每年无休连续工作，每小时平均起动次数不小于150次。

图4-28 太原地铁2号线电梯及扶梯

太原地铁2号线路设计自动扶梯不参与消防，电梯参与消防，电梯在接收到火灾信号后，根据预定设置，执行消防动作(电梯立即运行至顶层开门放人，并停止运行)。

4.15.2 设备的安装与调试

1. 自动扶梯

1)功能设置要求

(1)自动扶梯选用公共交通型重载扶梯，其特点是安全、可靠、耐用。

(2)扶梯类型分为室内型扶梯和室外型扶梯。原则上在地下车站站内及与物业结合的出入口选用室内型扶梯；地下车站出入口采用室外型扶梯。

(3)自动扶梯选用名义速度为0.65 m/s,维修速度为0.10～0.20 m/s,维修速度同时也作为节能速度。梯级名义宽度为1 000 mm,倾斜角度为30°,单台自动扶梯输能力为7 300人/h。

(4)为确保乘客安全,要求自动扶梯上下端部应有不小于1.6 m长的水平梯级,即4个水平梯级。

(5)载重条件为在任意3 h内,持续重载时间不少于1 h,其荷载达到100%制动荷载,其余2小时按60%制动荷载,允许手拉行李箱随人上扶梯的要求。

(6)正常情况下,自动扶梯采用就地控制方式。紧急情况下,可通过急停按钮,自动扶梯停止运行,切不可作为固定楼梯疏散乘客。

(7)室外型自动扶梯必要时加装加热装置。

(8)车控室监视自动扶梯上行、下行,故障停梯的种类和地点,出入口踏板防盗和扶手带运行状态等并纳入BAS系统监视。发生扶手带运转失常及踏板被盗等故障信息,车控室应发出报警信号。

(9)为提高乘客乘坐扶梯的安全性,减少乘客对高扶梯的恐惧感,原则上出入口提升高度超高15 m时扶梯进行分段布置。

2)自动扶梯的安装要点

(1)自动扶梯穿过楼板处,沿洞口设置高度不小于1 200 mm的通透栏杆或透明栏板。洞口边缘或柱子边缘与自动扶梯扶手带中心线的水平距离小于500 mm时设无锐利边缘的垂直防护挡板和三角警示牌。

(2) 自动扶梯的踏步面到顶部洞口处的建筑物装修完成面(即吊顶面)的垂直净空高度必须大于2 300 mm。

(3) 扶梯下部机坑内不得积水。优先考虑自流排水,无自流排水条件时,自动扶梯机坑外设集水井,机坑和集水井分开,中间用排水管相连,集水井警戒水位高程应低于机坑底面高程100 mm以上。出入口扶梯上机坑边缘宜设截水沟,截流雨天在出入口的飘雨。

(4)站内自动扶梯应优先考虑通过地铁轨道运输方式将自动扶梯送到安装地点。

3)运行监控相关功能设置

(1) 扶梯的控制采用微机控制方式,有故障分类显示。车控室能监视自动扶梯上行、下行,故障停梯的种类和地点,左右扶手带运行异常,出入口踏板防盗等多种状态并纳入BAS系统远程监视。

(2)正常情况下,自动扶梯只能采用就地控制方式(只能就地起动和停车);在紧急情况下,可按压安装在车站控制室综合监控系统IBP(综合后备盘)上的急停按钮,使自动扶梯停止工作。

(3)对于站内的扶梯,每台扶梯在 IBP 盘上单独设急停按钮,实行分散控制;出入口扶梯在 IBP 盘上集中设一个急停按钮,实行集中停车。但对所有自动扶梯的起动应就地进行。

2. 电梯

1)设备性能要求

(1)额定载重量:1 000 kg(13 人)。

(2)提升速度:1 m/s。

(3)透明井道钢井架:需要承受电梯全部质量,并应以电梯满载下行超速强行制动或安全钳动作,可能出现的最大减速度来校核钢井架的强度,确保井道的安全。透明井道钢井架由电梯供货商提供、安装。

(4)透明井道玻璃:采用夹层钢化安全玻璃,厚度不小于 8 mm+0.76 mm+8 mm,强度满足《电梯制造与安装安全规范　第 1 部分:乘客电梯和货载电梯》(GB/T 7588.1—2020)的相关要求。透明井道玻璃由电梯供货商提供、安装。

(5)层门及轿门:中分两扇密封自动门。开门尺寸(宽×高)为 1 000 mm×2 100 mm。

(6)操作方式:单台集选控制,可实行有/无司机操作。

(7)控制方式:微机控制,有故障自动诊断系统。

(8)驱动方式:永磁同步无齿曳引机驱动,变频调速。

2)安全功能设置

电梯除具备《电梯制造与安装安全规范　第 1 部分:乘客电梯和货载电梯》(GB/T 7588.1—2020)规定的安全装置外,还应有如下安全保护功能:

(1)应急照明:当电梯在运行中发生电源被切断或中途停电故障时,应急照明自动启动,照明时间不小于 1 h。

(2)安全停靠:当电梯发生故障停止在非停靠位置时,自动进行故障诊断,以慢速运动至最近层站,开门疏散乘客。

(3)门光幕保护:在轿门上采用红外线光幕作为关门安全保护。

(4)超载保护:电梯应有灵敏的称重装置,当荷载达到 110%时,电梯会发出声、光警示,电梯不能关门及运行,直至荷载降至合适为止。

(5)五方通话:车站电梯具有轿厢、轿顶、底坑、顶层控制柜和车站控制室通话功能;同时,具有层门召唤箱与车控室通话功能。

(6)警铃:按下轿厢内的警铃开关,安装在井道的警铃应鸣响。

3)调试需注意要点

(1)额定载重范围内轿厢的上下行速度与额定速度的偏差不应大于±5%。

(2)平层精确度为±5 mm。

(3)噪声:运行中轿厢内噪声应不大于 55 dB(A),开关门过程噪声应不大于 65 dB(A),井道噪声应不大于 75 dB(A)。

4.15.3 经验与总结

(1)由于太原地铁 2 号线一期工程工期极其紧张,大部分车站的出入口都存在交叉施工的情况,电扶梯体积大、质量重,使得电扶梯进场吊装及安装工作极其困难。为保证整个工期的如期实现,根据现场土建进度,及时调整设备排产和到货吊装计划。

(2)由于工期紧张,土建施工滞后,致使土建结构长时间无法移交电扶梯厂家测量排产,基于以上情况本条线出入口扶梯采用按图排产的方法,有效地解决了扶梯排产周期长的问题。

(3)线路与装修接口问题比较显著,太原地铁 2 号线一期工程初始验收时,因对新标准的要求理解、消化吸收不透,出现个别扶梯梯级上方装修后的净空高度不足 2.3 m 的情况,未满足标准要求。后期通过装修调整,满足相关要求。

(4)与给排水专业接口的问题,电、扶梯基坑排水口位置和集水井地面高程设置不当,在特殊极端自然环境条件下(如暴雨、大雪等天气),致使梯井的滞水排不出去,甚至出现积水井里的积水倒灌进电扶梯基坑,影响电扶梯设备的运行安全。通过整改和布局调整,能够满足正常运营的安全要求。

(5)土建接口问题,电扶梯专业与土建专业对接出现井道高程不符、预埋钢板漏埋等现象,影响扶梯就位施工,导致施工滞后,要提前对接相关接口问题,确保工期工序按期完成。

4.16 气体灭火管网系统

4.16.1 概　　述

气体灭火管网系统主要部件有灭火剂瓶组、容器阀、选择阀、安全泄放装置、单向阀、驱动气体瓶组容器阀、低泄高封阀、信号反馈装置、减压装置、驱动气体瓶组、喷嘴、管道及管道附件等。根据使用要求,可形成单元独立系统、组合分配系统等形式,实施对单区和多区的消防保护。该系统灭火方式为全淹没方式,用于扑救封闭空间的火灾。

4.16.2 设备安装与调试

1. 设备、管道安装

气体灭火管网系统安装时间为 2020 年 5 月,工期 3 个月。主要安装设备包含有灭火剂瓶组、各类阀门、管道及管道附件等。其中，灭火剂储存容器的安装主要在于运输与固定；阀门、管道的安装按照设计图纸进行，并在安装完成后进行严密性试验、强度试验，确保符合设计要求。

2. 成品保护

气体灭火管网系统成品保护主要对气瓶、管道，通过张贴警示标识防止施工人员触碰勿喷，并对管道进行覆盖保护，防止廊道内统一喷黑时，破坏管道颜色（属消防管道）。

3. 调试

单体调试前应按《气体灭火系统施工及验收规范》（GB 50263—2007）要求检查系统组件和材料的型号、规格、数量，以及系统安装质量，并应及时处理所发现的问题。工程通过抽检的方式，验证相联动的火灾自动报警系统和开口自动关闭装置、通风机械和防火阀等。

4.16.3 经验与总结

（1）施工过程中应密切与其他专业相互沟通相互协调，避免导致不必要工作量的增加。施工方在各个设备房间安装喷头时，务必同机电施工方协商好，确保喷头位置与风管位置不冲突。

（2）气体灭火系统的施工方在交付运营方时务必对气体灭火系统整体测试流程和步骤进行详细交底，同时对系统可能会出现的疑难问题进行书面澄清。

（3）气体灭火系统供货方应预留部分数量气体灭火储气瓶和启动瓶作为备件，以备气体灭火系统误喷后临时备用。

4.17 车辆段工艺设备

4.17.1 概　　述

太原地铁 2 号线一期工程设贾家寨车辆段与综合维修基地 1 座，设于人民南路以东、十号路以南的地块中，包含车辆段、综合维修中心、物资总库和培训中心四个部分，小店南车辆段功能定位为定修段。车辆段工艺设备共计 196 项，主要大型设备包括轨道车、平板车、起重机、不落轮镟床、转向架转盘、固定式架车机、固定式三层作业平台、中央吸尘系统、静调电源柜、上车顶平台、上车平台、自动化立体仓储、中型货架、悬臂货架、司机派班调度系统、DCC 工作台、DCC 显示屏、车辆段检修安全智能管控系统、检修信息管理系统、洗车机、轮对受电弓在线监测系统、厨房设备。车辆段工艺设备具备检修、监控、仓储、培训、生活等使用功能，如图 4-29 所示。

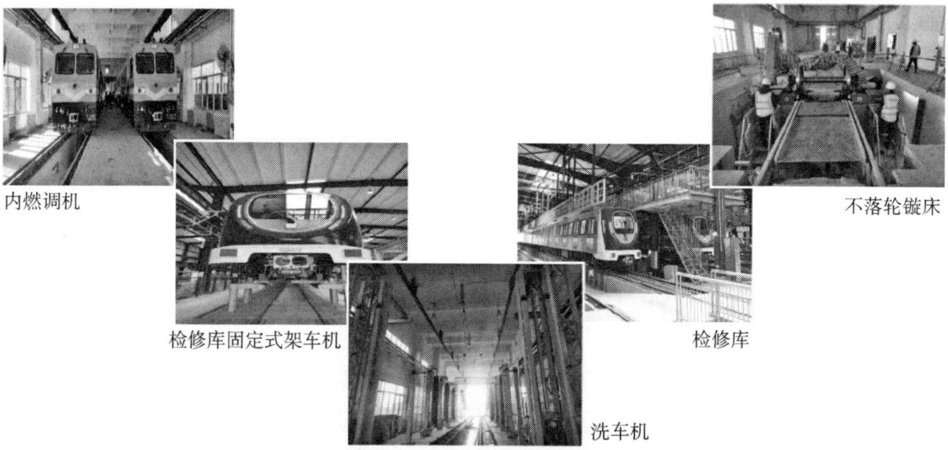

图 4-29　车辆段工艺设备

4.17.2　设备安装及调试

1. 设备基础设计与复核

设备基础的设计首先由设备供货商向车辆段设计单位提供设备基础条件图，由设计单位进行设备基础的结构设计，由土建施工单位进行设备基础施工。土建施工单位设备基础施工完成并经分项工程验收合格后，由业主组织土建施工单位、设备供货商、土建监理、设备监理对设备的安装条件进行复核，复核合格后，土建施工单位与设备工程承包商进行设备基础及设备安装场地移交。

2. 安装管理方案

工程前期，受土建进度影响和制约，根据土建进度灵活组织施工，优先开展预埋件安装工作，适时地展开新的作业面。按照施工计划、设备供货计划并根据现场实际情况安排设备进场及安装，根据各设备房是否具备设备进场安装及设备吊装条件，制定详细的设备进场安装顺序。设备运输、吊装根据现场情况利用机械与人力相结合的方式将设备就位安装。

3. 安装要点

1)设备安装前场地接口复核

设备安装前，由业主组织土建施工单位、设备供货商、监理单位对各配套专业接口是否满足设备安装条件进行复核，复核合格后，土建单位与设备工程承包商进行设备安装接口交接。

2)开箱检查

设备到场后，进行设备开箱检查，开箱时严禁撬棍等硬物碰撞设备，以免损伤设备。设备开箱后，应及时检查设备外观是否有损伤、划伤、螺栓锈蚀、螺丝松动、线圈受潮等现象，并做好开箱检查记录。按设备出厂技术要求，检查随机资料是否齐全(产品使用说明书、合格证、装箱单、备品备件等)，并做好收集工作。

3)设备调试

设备调试主要是各种检查和测量、静态和动态试验、冷空载和有载试验、设备运行状态和程序调整、设备系统联动程序设定、单机和成套设备试运行等。在设备调试过程中，对每一个关键零件、部件、单机设备和成套设备的调试质量进行监控。业主及设备监理督促参与各方做好各设备系统的调试准备工作，协调设备调试工作，对设备调试记录进行审核，并跟踪监督检查调试单位进行设备调试，以确认设备局部和整体的运行技术参数和性能是否达到要求。在设备调试过程中，随时注意检查设备调试中的不安全因素，发现问题及时给予解决。

4.17.3 经验与总结

1. 施工经验

工艺设备存在部分设备基础较为复杂、预埋管线较多的情况，为防止土建施工遗漏，导致设备无法安装的情况发生，须及时安排相关设备厂家查验设备基础及预埋管线，对发现的问题第一时间与土建施工方进行确认，如无法整改则提前邀请设计单位、业主单位一同参会进行协商。

2. 施工建议

在车辆段工艺设备的安装管理中，积极组织各相关单位深入沟通和协调，及时核对相关图纸；在土建及其他专业施工时派出技术人员进行配合，按照工艺设备安装的需要预留相关孔洞和基础预埋件。与各设备供货商和各专业施工单位进行三方面的信息沟通，提前规划协调各类因素，减少遗漏。

4.18 公共区装修与导向标识

1. 公共区装修

太原地铁 2 号线一期工程共有 23 座车站，其中 9 座标准站，10 座特色站，4 座“工业风装修站”，其中标准站装修造型统一，采用简洁、明亮、现代的装修风格，天花吊顶模仿古代建筑物屋顶，在横向形成舒展的造型，在纵向秩序排列，弱化纵向太长横向太短的空间比例，形成饱满的视觉感，如图 4-30 所示。10 座特色站以一站一景为设计出发点利用装修铝材、天然石材与 LED 灯具结合体现山西本地文化。

涧河站——晋国霸业，提取山西古建筑特色符号，挖掘建筑蕴涵文化，利用序

图 4-30 太原地铁 2 号线标准车站图

列感线条搭造空间形态，加深空间延展性，在保证空间简洁大方的前提下，细节展现太原文化，一方面与现代结合，另一方面将晋魂注入建筑，传承过去，开创未来，如图 4-31 所示。

图 4-31 太原地铁 2 号线涧河站

大北门站——亚欧之桥，本站提取石拱桥弧形特点并加以延伸，运用河流、桥梁进行站点特色设计，流动的空间特点展现了镇远桥曾经的辉煌，用流畅的线条连接山西从古至今的文化，串联起山西与国际的交流，如图 4-32 所示。

府西街站——古建瑰宝，山西现存四万余处各类古建筑，是全国古建筑最多的省区，被誉为“中国古代建筑博物馆”，如图 4-33 所示。

开化寺街站——食尚山西，站点附近的钟楼街是老字号聚集区，是商业集中大

图 4-32 太原地铁 2 号线大北门站

图 4-33 太原地铁 2 号线府西街站

街,热闹非凡。站点设计以老字号、老建筑为元素。色彩提取以楼柱的朱红色为点缀,展现山西老字号的特色,打造一个别具历史风情的商业地下空间,让古老的街道在地下空间散发闪耀光芒,如图 4-34 所示。

图 4-34 太原地铁 2 号线开化寺街站

大南门站——晋阳古都，设计理念为从站点的地理位置出发，提取古代建筑的元素，用黄色结合格栅组成唐建筑形式特点，让整个空间醒目且庄重，用空间的形式让晋阳古城文化的印象深刻保留在人们中，营造出一个恢宏大气、古韵今风的空间氛围，如图 4-35 所示。

图 4-35 太原地铁 2 号线大南门站

长风街站——爱情故事，车站方案提取中式园林月亮门的建筑形式，通过柔美的曲线来比喻爱情故事“比翼双飞”，车站运用红色像素块造型与 LED 灯阵结合，乘客仿佛置身于整个剧场舞台中，感受温馨的爱情气氛。整个空间造型轻灵，松紧得当；由敦实到盈虚，实虚相映，色彩舒适，回味去穷，如图 4-36 所示。

图 4-36 太原地铁 2 号线长风街站

南中环站——戏曲民歌，车站提取山西戏曲中的特色符号，挖掘建筑蕴涵文化，利用戏曲水袖的柔美线条搭造空间形态，空间自然统一流畅，在保证空间功能性要求的前提下，在空间局部融入戏曲文化元素，一方面与现代结合，另一方面将晋魂注入地铁空间，如图 4-37 所示。

图 4-37 太原地铁 2 号线南中环站

晋阳街站——汇通天下，车站提取山西大院民居建筑文化特点并进行分析，在墙面上展示民居建筑高矮错落建筑关系，结合建筑中屋檐瓦舍灰砖形成整个车站的装修风格，手法现代统一，如图 4-38 所示。

图 4-38 太原地铁 2 号线晋阳街站

龙兴街站——风流人物，结合车站主题分析文化历史人物及文化生活环境，提取古代建筑榫卯结构的元素，结合 LDE 点阵灯具，运用现代表现手法突出山西建筑文化内涵，如图 4-39 所示。

图 4-39 太原地铁 2 号线龙兴街站

龙城公园站，车站根据五台山延庆寺大殿为灵感，提取山西古建筑框架结构设计而成，如图 4-40 所示。

图 4-40　太原地铁 2 号线龙城公园站

4 座“工业风装修”站分别为胜利街站、学府街站、化章西街站与西桥站，为仿清水混凝土建筑风格，体现工业之美，如图 4-41 所示。

图 4-41　太原地铁 2 号线“工业风装修”站

2. 导向设计

太原地铁 2 号线一期工程是太原轨道交通线网的骨干线路，设置完善美观的标识、疏导指引乘客以合理的路线乘车是标识导向系统设计的基本任务，也是轨道交通环境空间深化设计和人性化设计的更高层次体现。地铁 2 号线地铁车站的导向标志简洁实用，全线统一，以实用为出发点，信息量简洁而明确，使乘客以最短的时间获取信息，判断行进路线。

车站站台、站厅、出入口等公共区域设置有醒目易识别的车站服务和导向标志、公告栏等设施，室外导向分布在车站 500 m 范围内，便于识别车站位置及引导乘客顺利进入车站；室内地面、墙面及顶面导向根据国际及国内行业通用标准接轨设计，设置在人们最容易看得见的地方，并与背景形成明显的对比识别，达到主动提供信息的功能，又不造成任何人体伤害的潜在危险，既美观又时尚，方便乘客快速有序进出车站。

在车站外 500 m 范围内路边设置站外导向引导乘客前往最近出入口，在每个出入口均有矗立的轨道交通车站标志地徽，地徽采用矩形柱的造型，整体稳重大气，易于识别，如图 4-42 和图 4-43 所示。

图 4-42　站外导向标识

图 4-43　出入口地徽

3. 经验与总结

(1)标准装修车站装修风格统一、材料统一，材料生产相对于特色装修车站的异形铝板较快，便于施工与后期自身维护；特色装修车站风格各不相同，材料多采用异形板材，每个车站板材颜色、规格尺寸均不相同，需对深化设计、材料封样、排产到货时间、安装时间进行严格管控，避免延误工期。“工业风装修站”车站顶部无装修吊顶，采用灯光效果弱化顶部无吊顶的视觉效果，墙面柱面尽可能减少安装装饰面板裸露出结构本色，在一定程度上加快了施工速度，且利于后期维护；同时因缺少装饰面板对车站进行修饰、美化，对车站本身的结构外观与管线综合实施完成后的外观有着高要求。

(2)太原地铁 2 号线一期工程标准装修车站与特色装修车站采用大尺寸铝板作为装饰板，安装完成后拆卸困难，同时拆卸过程中可能造成装饰板损坏，在图纸会审、设计交底阶段应与设计沟通设备设施的检修口与检修通道的设计是否合理，避免影响后期设备检修。

(3)吊挂式导向标识安装前应提前与摄像头等其他涉及吊挂设备专业沟通，避免出现互相遮挡的情况，建议导向标识与摄像头、车站广播安装点位进行整合设置。

4.19 人防防护设备

4.19.1 概　　述

太原地铁 2 号线一期工程人防抗力等级为防常规武器 6 级、防核武器 6 级，防化等级为丁级。按“一站加一相连区间为一防护单元”的原则，将全线划分为 23 个防护单元，防护单元间以人防区间隔断门为界，设防区间内共设人防防护设备 456 樘(套)、伪装门 306 樘、排水沟闸板 104 套、防淹门 4 樘、封堵孔口 10 000 个、防爆地漏 75 个。

4.19.2 设备安装

1. 人防设备与土建施工界面划分及施工重点

人防工程施工包含土建结构工程和人防防护设备安装工程两大部分，土建施工单位和人防安装单位密切配合非常重要，如图 4-44 所示。

在人防段施工工程中，土建施工单位的工作为人防段内所有土建工程包括钢筋、混凝土、模板工程等；吊环、预埋钢板、穿墙套管等预埋件的加工和埋设；人防门安装过程中的定位测量(包括里程、高程及中心线)，根据工程实际情况，如有需要，配合第三方检测出具正式测量报告；由于场地等关系，人防门门框、门扇的吊装尽可能地利用土建单位的起重机进行，土建单位能给予相应的配合，并保证起重机的安全性；在人防施工单位进场前，土建施工单位能为人防门安装提供运输通道。

图 4-44　人防设备安装

土建施工图中未标注尺寸的预埋件均由人防设备加工和安装单位制作和安装，如人防门门框、排水沟密闭闸板阀、伪装门；门框门扇的安装调试、人防门框墙管孔封堵、人防信号显示系统安装调试由人防专业安装单位完成。

2. 人防设备调试安装需注意要点

(1)门扇、门框贴合面平面度不大于 3 mm，门扇与门框应紧急贴合，贴合面允许间隙为 3 mm。闭锁通过调整各种垫片、垫圈，使连杆、丝杆和锁头的中心线在同一平面内，锁头的伸缩量应相等，应保证周边密封条最少压缩 8 mm。

(2)门扇为焊接件，槽钢与工字钢焊成框架后，与外面板、内面板焊接，组焊后内外表面应平整，平面度公差和相邻边垂直度公差均为 2.5 mm。门扇中间胶条槽以及嵌压板处焊缝应密实不漏气。

(3)门框的角钢在焊缝前应调平校直，焊后门框角钢平面要求平整，平面度公差为 2 mm。门框四边应互相垂直，垂直度公差为 2 mm，上、下铰面底座与门框角钢的相对位置应保证准确，铰轴中心线应在同一铅垂线上，允许公差为 1.5 mm。为防止施工和运输中产生变形，应按图点焊临时支撑工字钢和临时斜撑。

(4)铰页调整后，立轴的垂直度公差为 1.0 mm，出厂前各零部件在工厂进行装配，要求转动轻便灵活。门扇开启轻便，手动启闭力小于 150 N。

(5)整套闭锁机构要求在工厂与门扇进行试装配，动作灵活轻便，无问题后拆下涂油装箱运输，不得装在门扇上运输。与门扇组装调试后，手动关锁操纵力应小于 200 N。

3. 人防孔洞封堵注意要点

所有进出地铁人防防护单元和穿越防护单元之间密闭隔墙的各类电力、通信电缆、给排水管线及通向工程外部的管孔，均需做防护密闭处理并满足地铁 6 级人防工程抗力及密闭要求。根据管线直径大小，门框墙上预埋相应套管，套管选用镀锌钢管，套管外均应满焊密闭翼环。待穿线安装完成后，其空隙内填充无机轻质速固堵料，管口两端采用环氧树脂或硅酮橡胶密闭，再用无机轻质速固堵料填满、抹平压光填充密实封堵。

4. 防淹门

1)防淹门功能要求

(1)为防止突发事故造成隧道破裂后江河水涌进地下车站、区间隧道造成事故范围扩大，根据《地铁设计规范》(GB 50157—2013)要求位于水域下的区间隧道两端应设防淹门或采取其他防淹措施。

(2) 防淹门的控制系统设备应优先选择放置在车站小里程端站厅层，当隧道漏水时，防淹门系统通过设置在区间隧道的水位探测等装置发出报警信号，并及时关闭防淹门以确保车站不被水淹，防淹门设计水头按 25 m 设计。

(3) 在隧道内水头不大于 3 m 时防淹门能在 1.5 min 内关闭到位。

(4) 防淹门系统由两套控制装置组成，过江河段隧道两端各设一套。

(5) 防淹门系统所有机械构配件的国产化率达到 100%；控制模块的国产化率符合国家相关产业政策要求。

(6) 防淹门应以手动操作开关门为主，电气控制开关门为辅。

2)防淹门的组成

防淹门机构主要由门扇、闭锁、机械锁定装置、门框、轨道密封装置、启闭机、控制系统等组成。

3)防淹门的控制要求

(1)每处防淹门设置一套独立的、以 PLC 为核心的控制设备。控制系统应包括所有完成操作程序所需要的控制设备(包括 PLC、电源模块、I/O 模块等)、断路器、接触器、转换开关、按钮、继电器、指示灯、限位开关、接近开关、蜂鸣器、开关电源、电缆及 UPS 电源等。

(2)每处防淹门要求设一个就地控制柜，每个防淹门控制柜内设一台 PLC，可对防淹门进行控制。实现在车控室 IBP 盘远程控制和就地控制箱现场控制、区间水泵房水位检测等功能。每套就地控制柜均设置权限转换开关，分为现地控制和远方控制。

(3)利用 PLC 通信接口模块，通过光纤网络与车站 ISCS 系统连接，实现与车站监控系统的通信，监控系统对防淹门的运行状态及信息参数等进行监视；利用 PLC 系统的 I/O 模块，并通过硬接线与车站车控室 IBP 盘上的防淹门控制面板连接。

5. 建设管理中需注意以下要点

(1)侧门框墙和门框上的密闭隔墙要求一次浇筑，不允许留施工缝。

(2)注意模板的固定要牢固,不得跑模。

(3)人防门安装调试后,浇筑混凝土模板不得以门框钢支撑做支点,以免门框变形。

(4)门框墙钢筋和预埋套管施工完毕后,须待人防监理单位隐检合格后方可合模。

(5)出入口的人防门室和风道防护段的地面需按设计高程施工到位。

(6)严禁人防门门槛下混凝土有空洞、漏筋、强度不够等情况。

(7)严禁人防门的支托板和门框浸泡在积水中,导致人防门锈蚀严重。

(8)严禁门框被泥土沙石覆盖,门扇上大面积被混凝土污染及施工单位在门扇上做加工平台的情况发生。

(9)严禁防护段内堆放材料、垃圾,影响人防门的正常开启调试。

(10)严禁防护段内尤其是出入口和风道两道门之间作为储水池,导致门框、门扇锈蚀严重。

4.19.3 经验与总结

(1)安装进度受限条件多。由于人防门门框安装完全依赖于土建施工进度安排,因此,安装门框的进度计划需随土建施工计划而被动地确定安装时间,并随着土建计划的变更而打乱安装计划。门框安装工作无法制定全程进度计划,只能依据土建计划粗线条地制定阶段计划。为匹配土建施工进度,需人防设备厂家提前完成设备排产,以备不时之需。

(2)交叉作业多,各工种协调任务重。在土建完工后,地下站即进入设备安装阶段,在此阶段,进入施工作业面的施工单位较多,在施工时间和空间上都存在交叉,施工过程相互干扰。因此,在此阶段人防设备的安装和调试需由业主单位统一协调,确保各专业施工有序进行。

(3)使用封堵板做人防设备的出入口,需提前规划好板材存放位置,防止存放不当引起的生锈、变形及难以维护等问题。

5 全自动运行运营筹备实施

1. 运营、维保模式及人员招聘策略

1)确定运营模式、维保模式

运营模式:根据国家、行业及相关企业等标准,于2019年初步确定运营模式,从行车组织方面主要列车运行计划、调度指挥层级、规章制度、会议机制、施工管理、指标统计分析、运营信息管理、投诉管理、人员培训管理、运营演练、客流组织等方面确定公司运营模式。

维保模式:车辆、供电、机电、工建、信号、通信、综合监控、站台门、电扶梯、AFC系统、车辆、工艺设备维修工作拟采用委外维管模式,规定了委外维修单位安全管理职责、人员安全培训和上岗条件、应急演练和救援、运营单位日常对重点维修项目的过程监督检查和验收等基本要求。太原轨道公司负责公司云平台、ACC、控制中心楼宇机电设备维修,维修模式采用自主维修模式。

2)运营人员招聘策略

(1)民主决策原则。员工招聘计划、录用结果等都需经公司专项会议审定。

(2)编制控制原则。人员招聘在公司编制计划范围内进行。若特殊情况需超编招人,由用人部门提出申请,经分管领导、人力资源部审核,报公司总经理办公会审定后方可执行。

(3)岗位配置原则。人员配置按照定编定员的岗位和职数进行招聘,做到按岗选人,避免因人设岗或出现冗员。

(4)综合考察原则。招聘需由用人部门和人力资源部从知识、能力、品德、经验、健康状况等方面进行考察和综合评定。

(5)择优录用原则。坚持公开、公平、公正的招聘程序,择优录用相关岗位人员。

(6)回避原则。应聘人员有亲属在公司工作的,不可应聘与该亲属存在上下级工作关系的岗位;公司采购部门负责人的亲属,不得在公司担任财务、仓管等涉及业务范围的工作;凡与公司领导人员有直系亲属关系的应聘人员,不得应聘公司人事、财务和纪检监察岗位。

3)人员招聘

按照行业惯例以及全自动运行的实际运转需求,完成《岗位说明书》《岗位编制

(计划)》以及组织架构图编制,结合工期节点进行招聘。根据运作情况,通过公司内部选调,完成部分岗位选拔工作,各部门、各中心人员基本配置到位。

4)成立新线各专业小组

根据公司要求,结合人员到位情况,运营事业部成立各专业小组,旨在推动各专业各体系的搭建及工作落实,设立专业负责人,成立周例会制度,坚持立足全局、突出重点,充分发挥部门生产组织、协调、控制、指挥的职能,积极配合公司新线各项筹备工作等。

2. 全自动运行运营介入

在工程建设时期,结合工程进度和运营筹备需求,运营各专业人员需介入工程建设各阶段,需对全自动运行线路工程的工程文件、设计文件进行深入了解,并应及时介入设计联络会、单机调试、验收、接管等阶段,有利于工程建设到开通初期运营无缝对接和平滑过渡。在建设过程中充分、合理地体现运营需求,支持工程建设,以确保工程顺利进行接管、联调、试运行,并按期高质量地以全自动运行开通运营。

3. 全自动运行整章建制

为做好太原地铁2号线一期工程运营筹备工作,公司根据全自动运行运营生产与管理的实际需要,建立适合全自动运行实际情况的运营规章制度体系,编制行政管理类规章制度、运营类规章制度、党群类规章制度共计363个。涉及初期运营生产业务规章制度225个,其中安全管理类31个,行车管理类25个,服务管理类11个,维护维修类50个,操作办法类92个,其他类16个。

(1)安全管理类,应涵盖劳动安全、安全检查、安全教育培训和考核、危险品管理、保护区安全管理、关键信息系统等级保护等,主要包括《安全教育培训管理实施细则(试行)》《安全信息管理办法(试行)》《危险源辨识及风险评价管理办法(试行)》《安全风险分级管控及隐患排查治理管理办法(试行)》《安全警示标识管理办法(试行)》等。

(2)行车管理类,应涵盖行车组织规则、车辆段及车站行车细则、行车调度手册、非正常行车等,主要包括《行车组织规则》《车站行车工作细则》《行车调度工作手册》《非正常行车作业指导书》《车辆段行车工作手册》等。

(3)服务管理类,应涵盖客运管理制度和服务办法、票务管理办法、乘客事务处理办法等,主要包括《客运服务管理办法》《车票管理办法》《车站票务管理办法》《乘客事务处理管理办法》《客运服务信息管理办法》等。

(4)维护维修类,应涵盖各专业设备设施系统检修规程和检修管理制度,主要包括《信号设备维修规程》《通信设备维修规程》《综合监控系统维修规程》《结构维修规程》《房建维修规程》等。

(5)操作办法类,应涵盖各岗位操作规程、各专业操作手册和故障处理指南等,主要包括《电环调度工作手册(试行)》《低压配电系统操作作业指导书(试行)》《不落轮镟床操作手册(试行)》《站台门系统操作作业指导书(试行)》《电客车洗车机操作手册(试行)》等。

4. 人员培训取证工作

1)制定培训方案和实施计划,编写培训手册、培训教案

根据公司各岗位培训大纲,有序开展理论培训工作。各中心创新培训模式,利用钉钉会议、腾讯会议等多元化平台,采用线上线下相结合的模式,积极开展内部培训。

调度中心根据国家法律法规及行业标准关于运营人员的要求,进行培训需求汇总,编制《调度员培训方案》(各岗位),方案涉及培训方式(理论培训、实操培训、委外跟班培训)、培训课程以及培训地点等方面,截至 2019 年 12 月完成行车调度员的培训方案初稿。编制《调度员培训教材》(各岗位),以规章制度为编制依据,进行理论培训教材的编制,以设备厂商提供技术资料为依据,编制实操培训教材。做好培训记录及资料保存,做到培训考核以及取证等过程有迹可循,备日后专家评审验收。

站务中心规范培训课件。从基础、安全、生产、票务、服务五大模块整理编制培训教材体系,共编制完成 37 个培训教材和课件。

车务中心根据岗位及人员差别制定运控员、车厂调度(信号楼值班员)、调车司机、电客车检修员、工艺设备检修员、工程车检修员的《岗位取证培训大纲》《上岗取证培训方案》《岗位说明书》,培训课件 PPT,题库等,主要包含不同类型人员的培训目标、内容、方式、周期等内容。

编制机电和自动化中心 10 个生产岗位的《上岗培训大纲》,按照大纲要求,结合生产岗位的实际情况编制 10 册《差异化培训方案》,因地制宜,确保所有人员满足培训大纲学时要求。

2)确定送外培训单位和人员

鉴于太原地铁 2 号线为山西省首条地铁线路,具备设备新、技术新、人员新等诸多特点,公司统筹安排一线运营人员前往上海、广州两个成熟地铁城市参加专业培训。其中与全自动运行紧密相关的专业人员(调度、司机、行车值班员、信号、综合监控专业)赴上海申通地铁培训,与全自动运行非直接相关的专业人员(站务、设备维护等专业)赴广州地铁培训。公司依据各岗位(工种)上岗培训大纲要求,结合线路专业特点,对送外培训结业人员开展差异化上岗培训,培训结束统一组织上岗取证考核。与此同时,按照各岗位工作性质,公司组织开展高低压电工作业、熔化焊与热切割作业、高处作业、起重机司机、叉车司机等九项特殊工种取证培训。

公司通过多层次、全覆盖、标准化培训模式，初步培养出一支思想上敬业、行为上规范、技能上达标的职工队伍，为太原地铁2号线安全、高效运营提供有力的人员保障。

3)新员工三级安全培训

按照国家法律法规及公司相关要求，陆续组织新入职员工进行部门三级安全教育并建立培训电子档案，培训内容涵盖安全法律法规、各专业安全操作、安全生产基本原则、生活安全常识、地铁行业运营事故案例、工程介入个人防护以及危险源识别等，增强部门新入职员工的安全生产意识及自我防护能力，为安全运营做好准备。

4)特殊工种取证

根据国家安全生产法、特种作业及特种设备操作规定，特种作业及特种设备操作须持有操作证方可上岗，包括特种作业及特种设备操作证、消防设施操作员证、安全管理人员取证、低压电工作业证、高压电工作业证、低压电工证、高处作业证、高压电工证、熔化焊接与切割作业证、制冷与空调设备运行操作员证、电梯管理员证等。

5)确定各岗位上岗证需要掌握的内容

各生产岗位根据全自动运行的特点，通过理论授课、跟岗学习、实作演练等方式，线上与线下教育相结合，完成规章制度、各类应急预案及处置、设施设备理论及操作、消防以及安全教育等各个业务板块的培训工作。

5. 司机参加培训及车辆调试工作

1)部分司机(含工程车司机)到岗

首批电客车队长、派班员、运控员、调车司机陆续到岗，基本满足接触网冷热滑、工程阶段联调工作中的运控员需求。

2)司机(含工程车司机)参加培训及车辆调试工作

根据车辆调试计划，针对性地对运控员(含调车司机)开展调试安全、车辆、信号等专业知识理论、实操内部培训，通过厂家培训熟知车辆操作、技术参数等，确保运控员、调车司机熟悉设备性能、维保和使用。调试初期分三批次完成调试运控员驾驶资质评定，参与电客车正线调试，保障调试工作安全有序开展。

6. 工程车、首列电客车接车，车辆展开调试

为配合首列电客车接车工作需要，在公司统一指挥、协调，下设技术组、调车组，配合车辆的到段验收、卸车和调车等工作。编制车辆调试试验整体进度及计划，包括静态调试、动态调试、例行试验、型式试验等共44大项207小项，建立调试例会及轮值工程师制度，按照工期节点完成车辆试验、接口功能调试及全自动运行功能测试。

1)派员赴车辆厂参加监造培训(含工程车、电客车),参加首列车辆的出厂验收

为确保电客车验收工作有序进行,制定《全自动运行车辆预验收工作方案》,明确车辆验收流程及实施程序,组织编制并审核《全自动运行车辆出场验收大纲》《全自动运行车辆预验收大纲》,成立预验收工作组,完成列出厂验收、到货检查及预验收,并配合完成项目工程验收、项目工程复验以及竣工验收。

2)对车辆段运营有关人员规章制度的培训

按照培训计划并结合实地踏勘情况,在每次踏勘后组织各班组开展线路相关知识理论培训,主要包括线路及车辆段情况、施工图纸(轨道、线路、车站、供电系统、信号系统等,重点为道岔、信号机、区间防火门、人防门、隧道标识、折返站线路、相关乘务用房等)、车辆段行车工作手册、调试方案、调试作业指导书、危险点及安全隐患。

3)参与首列电客车开始场内静态调试

车辆到货后,完成电气、TCMS系统、客室照明、外部照明、LCU、车门系统、空气制动/风源系统、空调系统、辅助供电系统、PIS系统、弓网监测系统、走行部检测系统、障碍物检测系统、脱轨检测系统、火灾报警系统、智能运维系统、牵引控制系统、牵引PHM系统、受电弓线路、高低压功能测试。联合检修库24 h有人值守,对登乘调试电客车的人员进行管理。

4)后续列车到达,展开接车、调试工作

编制车辆调试试验整体进度及计划,包括静态调试、动态调试、例行试验、型式试验等共44大项207小项,建立调试例会及轮值工程师制度,按照工期节点完成车辆试验、接口功能调试及全自动运行功能测试。

7. 进驻车站

按照开通计划组织对全线车站开展车站踏勘工作,完成车站技术信息及周边信息摸排统计;完成全线车站的人员临时进驻工作,按要求开展后续设备调试、试运行、演练等工作;按照开通计划车站员工开始倒班,模拟运营环境上岗。进驻后根据公司接管计划,站务中心提前梳理站务用房接管条件,按计划有序开展接管工作。

8. 进驻OCC

按照开通计划部分值班主任、行调进驻控制中心参与信号单调、综合联调等相关工作;结合控制中心进度,除生产岗位人员全部进驻外,中心安排部分管理人员进驻控制中心指导开展试运行工作,组织开始试运行工作。

9. 电客车上线调试

根据调试方案,合理安排人员,满足电客车上线调试需求确保试运行前全体运控员均参与调试。开展信号系统功能测试(联锁测试)、乘客信息系统(PIS)与车

辆系统测试、综合监控系统与PIS系统测试、通信无线集群与信号测试、车辆系统间测试、信号系统功能（ITC模式）测试、信号系统功能（CBTC模式）测试、综合监控系统车站火灾测试、车辆区间火灾及阻塞模式测试、牵引供电系统非正常运行模式供电能力测试、供电满负荷运行测试、信号测试、车辆与站台门联动测试、全线列车最大运行能力测试、列车全自动驾驶运营场景功能验证等。

10. 全线多系统综合调试

根据实际运作需求已开展包括列车救援、列车脱轨、道岔故障、接触网失电、区间列车火灾、人员误入轨行区、ZC故障、ATS双系故障等多项桌面演练，演练过程中，尽可能体现故障处理细节和具体故障内容，做到“真实演，实际练”。对于演练中暴露出的不足及时形成演练总结，确保各专业、各岗位人员在培训过程中能够学到切实有效的知识，使各岗位人员能够达到“能学会，能理解，能运用，能处理”的效果。

11. 试运行及演练

1)试运行各阶段

结合试运行方案投入使用，公司完成对《全自动运行试运行总体方案》的内审。整个试运行过程分为两个阶段，第一阶段专项科目演练：主要以信号系统功能验证及大小交路运行等各项应急演练为主。无车演练阶段，主要开展无车场景ATS功能操作、站台门测试、车站紧急停车按钮测试、SPKS测试、ATS故障模拟、手摇道岔演练等内容，对无车演练中发现的问题进行评估整改。电客车演练阶段，主要开展有车场景信号ATS功能操作、运营常见故障处置、紧急关闭按钮对列车（进站、停站、出站）的影响、站台门对列车（进站、停站、出站）的影响、列车救援演练、电话闭塞法（含手摇道岔接发车）、FAM/AM/CM驾驶模式行车测试、FAM/AM/CM驾驶模式大小交路行车（含运营调整）、中央ATS和ZC故障处置等内容。

第二阶段跑图演练：按照开通初期运营的列车运行图，采取单一运行交路和开通运营运行的行车间隔，组织开展连续行车、列车在线故障处置等，并对运营指标进行统计。确保连续20日以上运营关键指标达到要求，同时完成试运行期间发现的安全隐患和较大质量问题整改。

2)各种应急演练及故障处理演练

完成演练层级、演练形式及项目的确定，初步完成《全自动运行演练方案》方案。演练项目根据运营突发事件的严重程度、影响范围、涉及专业等因素，分为公司级（综合科目）12项、部门（中心）级29项、班组（车站）级78项，共计119项。演练根据演练内容与目的可分为3个阶段：

第一阶段为人员培养阶段，主要以培养班组（车站）员工设备操作能力、运营组织能力为主，开展各项班组（车站）级演练项目。

第二阶段专项科目演练，主要针对设备系统进行测试及功能验证，确保运营人员熟练掌握设备性能，熟悉故障情况下的处置流程、处置方法与调整措施。除特殊情况外公司、部门（中心）级演练项目在此阶段全部完成。

第三阶段为运行图演练，阶段为主要试运行跑图测试阶段，根据线路开通载客试运营的列车运行图，各部门配合实施演练。原则上停止所有影响行车的演练项目，可穿插开展不影响行车的公司级多专业联动综合演练，检验运营条件下的处置情况及对运营的影响。

自进入试运行及演练阶段，运行相对平稳，为进一步提升当前环境下的试运行工作安全、质量和效率，每日对遇到各类问题进行跟踪，积极参加试运行总结分析会，各部门、各中心沟通并协调相关问题，针对不同类别的现场处置方案，公司在安全评估前按计划完成全部预案的演练工作，满足安全评估要求，提升各岗位人员的应急处置能力。

6 非客运业务开发

伴随太原地铁 2 号线一期线路的开通运营,依线路建设而形成的非客运业务相关资源也同步投入运营。公司自成立注册以来,就已充分认识到非客运业务的开发与经营对公司的重要性。公司在项目建设阶段,通过学习、借鉴、总结其他城市地铁运营企业开展非客运业务的成熟经验与经营现状,积极探索适用于太原地铁自身的非客运业务实施模式,充分挖掘非客运资源的潜在价值,寻找更多的可能性,为线路非客运业务的可持续经营铺垫基础。

1. 非客运业务开发总体规划

太原地铁 2 号线一期的非客运业务开发,在保证轨道交通客运服务质量、安全运营的前提下,作为公司对因 2 号线一期轨道交通设施的投资、建设、运营而衍生、延伸的具有可利用价值的商业资源进行开发,为广大乘客、社会提供在公共交通服务之外的便利服务和其他商业资源的经营模块。在工程建设阶段,对于非客运资源的开发更多的是前期筹划,统筹梳理全线非客运业务相关资源,规划非客运业务种类,确定非客运业务的经营模式,以保证在线路开通运营后有条不紊地开展各项业务。

1)非客运业务实施模式

调研国内其他城市地铁运营单位组织架构,地铁运营单位非客运业务开发与经营的管理机构大多数采用成立资源开发分公司或以地铁集团公司的子公司形式存在,较发达地区因各资源开发业务规模较大等原因,或分版块剥离逐渐成立多个专业子公司,少数以公司成立部门作为经营管理机构存在。其经营模式主要分为自主经营与合作经营两大模式,自主经营的优势在于完全将资源掌控在手中,方便资源的整合及统筹调用。合作经营的优势在于寻找优质合作伙伴,依托其丰富的业务经验及成熟的渠道资源,一定程度上降低了经营风险;劣势在于市场上的资源开发公司实力良莠不齐,重难点在于选择优质的、合适的、理念一致的合作伙伴,同时开放项目的各类资源,必然会在监督管理方面存在一定的问题。多元化的经营有利于公司的长久发展,劣势在于对于新组建的公司,经验较为欠缺,需要投入大量的资金及资源用于人才招聘、资源开发、渠道搭建等工作,经营风险较大。

结合太原地铁 2 号线一期作为 PPP 项目,公司所负责运营的范围仅有单一线路、业务量较为集中的特点,以及公司存在缺少开展非客运业务相关人员及经验的实际情况，经过内部多次讨论，决定采取合作经营的模式，拟定授权第三方单位经营开展项目非客运相关业务。

2)非客运业务实施范围

根据公司与太原市轨道交通建设服务中心签订的《太原市轨道交通2号线一期工程(B部分)项目PPP合同》，政府授权公司开展地铁2号线一期范围内的非客运服务业务，其业务范围包含项目资产范围内的以下内容：广告业务开发，包括站台、站厅、通道、出入口、轨行区以及各类轨道交通载客车辆内及车内外空间等，或直接针对轨道交通乘客进行传播或服务的各类媒体资源的经营；通信业务开发，利用轨道交通民用通信系统为通信运营商服务并取得相应的租金或者服务费；商业零售开发，包括报纸杂志、提款机服务、其他商业零售点、商铺出租及其他服务的收入等；除南内环街、钟楼街、龙城大街三处地下商业空间和综合出入口、综合风亭的经营性空间及后期新增接口业务外的与项目相连接且在项目范围内的各类通道经营；其他适用法律允许利用项目资产内的空间所从事的任何其他非客运服务业务。

结合PPP合同，调研国内其他城市轨道交通运营单位业务开展情况，地铁2号线一期非客运业务实施范围主要包含广通商三大业务，即广告媒体业务、民用通信业务以及商业零售业务，细化其业务范围包含平面媒体广告、新媒体广告、信息通信与网络信息业务、车站商铺租赁、自助终端投放、文化衍生品开发等。

3)非客运业务思路规划

太原地铁2号线的非客运业务开发，不仅要实现公司非客运业务板块的营收，更深层次的目标是突破国内轨道交通行业传统广通商的模式，转变思路，寻求差异化竞争，走出“太原地铁”自己的道路。以“人文地铁”为核心价值观，深度挖掘山西历史人文资源，从中提取文化IP，与2号线一期全线23座车站的装修风格相结合，文化旅游与车站装修、广告宣传、商业运营、通信和多媒体技术相融合，贯穿车站广告语车站商业业务，构建“文化＋艺术＋科技”的“文化长廊”，从而将文化转化为商业流量，实现品牌特色与经济收益的双重提升。

在车站广告业务板块，去除显性商业广告，原则上不主张单独售卖广告位，突破传统的高低频次广告点位捆绑销售模式，以文化故事为主导，以LED屏幕、LCD屏幕、投影展示等多种新媒体表现形式，联动全线各点位及其特色优势展开商业广告的售卖与营销，打造“文化传承＋商业广告”一体化新模式。

在车站商业业务板块，传统商业空间租赁业务因入驻商家质量良莠不齐的因素，招商难度直线上升。过去车站内自助机具主要收入来源于各家银行的金融自助机具，但随着支付宝、微信快捷支付的冲击下，银行对金融自助机具投放业务的力度大幅下降。面临困难，在规划过程中主动寻求转型，引入屏蔽门投影等新技术，合理规划自助照相机、鲜榨果汁机、自助咖啡机、预包装熟食等多种类型的自助机具的投放，将地铁客流的天然优势转化为商业受众，打造地铁2号线新零售模式。

2. 非客运业务开发阶段成果

非客运业务作为地铁运营期的重要营收组成部分，公司于2019年12月开始对国内其他城市的地铁非客运服务业务运营模式及现状开展调研工作，结合2号线一期实际情况，于2020年2月份起草编制完成项目非客运服务业务策划方案，4月份开始与太原市轨道交通发展有限公司沟通洽谈成立合资公司开展非客运服务业务的可行性，并起草成立合资公司的可行性研究报告。2020年11月，经公司董事会审议通过，授权委托第三方单位开展经营太原地铁2号线一期部分非客运服务业务。

1)广告媒体业务

广告媒体业务，主要指依托于地铁站内空间及列车车厢内设置固定形式和非固定形式的广告媒体发布广告内容，是地铁非客运服务业务中最重要的一环，具有实现资源经营收益、创造良好的社会效益、承担文化推广传播、宣传企业自身形象等多重价值。

太原地铁2号线一期广告业务媒体形式主要分为常规媒体和非常规媒体，包含广告灯箱、大面幅广告牌、壁龛、橱窗、LED屏幕、LCD屏幕、投影、墙贴、柱贴、屏蔽门广告、列车窗媒、拉环广告、主题列车等多种表现方式。

对于广告媒体业务，公司针对基础管线设施及广告媒体设备进行投资采购，采用整体打包授权第三方单位经营的模式，第三方按照合同约定向公司缴纳相应经营权费用。长风街“春风·樱来”主题车站如图6-1所示，大南门站“这个星球不孤独”自闭症儿童画展如图6-2～图6-4所示，“保利·幸福专列”主题列车如图6-5所示。其他特色主题车站如图6-6～图6-9所示。

图6-1 长风街“春风·樱来”主题车站

图 6-2　大南门站“这个星球不孤独”自闭症儿童画展(一)

图 6-3　大南门站“这个星球不孤独”自闭症儿童画展(二)

图 6-4　大南门站“这个星球不孤独”自闭症儿童画展(三)

图 6-5 “保利·幸福专列”主题列车

图 6-6 特色主题车站-大北门站

图 6-7 特色主题车站-开化寺街站

图 6-8　特色主题车站-龙兴街站

图 6-9　特色主题车站-涧河站

2)商业零售业务

商业零售业务，主要指将地铁站内部分空间整体或单独租赁和承租人，在符合地铁运营安全的前提下开展经营零售业务，凭借轨道交通客运量的优势，延伸完善车站的服务功能，使乘客享受到便利、配套的服务。国内地铁车站商业主要形式包含零星商铺、ATM 机、自助售货机等。结合地铁 2 号线一期线路车站商业面积小、分布较为杂乱的特点，确定业务种类主要为零星商铺及自助售货机具投放，丰富业态，逐步适当引入商家入驻，在提供便民服务的同时打造太原地铁良好的商业品牌形象。

对于车站商业业务，采用部分打包授权第三方单位经营的模式，第三方按照合同约定向公司缴纳相应经营权费用。

3)民用通信业务

民用通信业务，主要指利用轨道交通民用通信系统向通信运营商提供服务并收取相应费用，其开发利用具有面向广大乘客提供优质的通信与信息服务，实现经济价值等作用。依托民用通信系统的建设，实现系统良好运营，积极提升通信服务质量是民用通信业务实施的根本目标。

国内轨道交通城市民用通信系统存在两种模式：其一由当地轨道交通建设运营单位投资建设，并负责民用通信系统设备设施的运营维护；其二由中国铁塔股份有限公司（以下简称“铁塔公司”）负责民用通信系统的建设，轨道交通运营单位向铁塔公司及通信运营商收取资源使用费。太原地铁 2 号线一期民用通信系统由中国铁塔股份有限公司太原市分公司负责承建，提供全线轨行区间、站厅、站台等范围内基础电信覆盖业务。在项目建设期间，双方就民用通信系统的建设、机房配套设施使用、管线通道、业务合作模式等内容组织多次专题会议并进行研讨，确定太原中铁轨道公司在 2 号线一期范围内，向中国铁塔股份有限公司太原市分公司提供地下空间租赁及机房环境。

3. 非客运业务开发经验与总结

非客运业务的经营及其资源的开发是一个长期的、动态的过程，其体系庞大、内容繁杂、专业性强，在业务选择、开发步骤、价值确定、策划营销和后期维护等方面都需要严谨的专业知识支撑，对于公司乃至公司股东方，都是之前未涉及的领域，公司现阶段无相关经验积累和专业性人员，是目前存在的痛点，以至于对太原地铁 2 号线非客运业务及背后的市场无法进行较精准的掌控与分析，无从谈起相关具体业务的策划及渠道搭建。

非客运业务的开发与经营，必须遵循“地铁运营优先”的原则，以轨道交通乘客出行的基本功能为导向，优先保障地铁安全运营，以服务乘客为重要功能贯穿业务全过程，有条不紊的实施非客运业务，所有非客运业务相关工作的实施和开展均不得对地铁运营安全服务和乘客造成负面影响，切勿盲目追求经营效益，本末倒置。

在广告媒体业务的实施过程中总结经验如下：广告媒体业务需要做到详细明确的规划，精确梳理全线各车站资源点位，结合线路周边地区情况测算各站商业价值，为业务的开展奠定基础。同时在实施过程中，一定要制定相应的工作流程及安全制度，从广告内容的审批管控，到定期的安全巡查，建立和完善安全责任制度，消除安全隐患，发现广告媒体设备损坏情况、广告发布信息存在错误的情况第一时间进行整改，保障广告资源及业务的安全稳定运营，预防责任事故的发生。

在广告媒体业务的实施过程中，要充分利用现有 LCD、LED 屏幕、广告灯箱、投影等媒体资源，基于常规媒体、新媒体的表现形式，融合互联网＋理念联动线上线下形成多元化模式的展示平台，结合客流量、传播网络覆盖、太原本土市场特点、受众价值等多方面进行资源整合及市场分配，注重广告媒体新形式的挖掘、注重广告媒体综合价值的挖掘，逐步形成具有高品质、多样化、渗透性的联动效应，逐步建立起网络化、立体化轨道交通广告系统。

在车站商业业务的实施过程中总结经验如下：车站商业的实施，由于处于地铁线路范围内，具有双面性。地铁的运营带来的稳定客流量作为先天优势，为车站商业的招商工作提供了业务基础，但为满足地铁运营在通风、防火、排水以及紧急情况时的应急疏散要求，其经营业态也收到一定程度的限制。

在车站商业业务的实施过程中，日常管理尤为重要，包括但不限于入驻商家的甄选，空间改造的计划申报与施工管理，承租人及入驻商家日常经营行为的规范及管理，突发应急事件的响应机制等，都需要在业务的开展过程中不断优化完善。

在经营业态方面，商业零售业务结合车站商业点位的特点，引入自助售贩机、屏蔽门零售等方式，丰富业态，提高资源开发社会效益，在满足便利性消费的基础上，探索新型商业业态和个性化元素，以客流为核心，以用户体验为切入点，细分地铁场景下的产品与服务，抓住轨道交通强大的客流优势，将客流转化为商业价值，从而打造轨道交通的整体商业形象，塑造城市轨道交通商业品牌，营造真正的太原市轨道交通一体化空间。

公司处于成立初期，非客运服务业务面临巨大的挑战，同时也拥有良好的发展趋势。结合公司作为目前太原当地唯一的轨道交通运营单位的特点，非客运服务业务的发展应发挥自身优势，抓住机遇，同时避让自身劣势，规避风险。依托 2 号线作为公司核心资产，秉承以服务乘客为首要目标的理念，通过市场化手段，形成多元化、差异化的业务规模，多方位开展非客运服务业务。

建设大事记

太原地铁 2 号线一期工程是山西省太原市首条开通运营的地铁线路，于 2020 年 12 月 26 日开通初期运营。线路南起西桥站，北至尖草坪站，全长 23.647 km，共设 23 座车站，线路沿途经过大型居民区、高科技园区、繁华商业区，是太原轨道交通线网规划中的主骨干线路。

2019 年 8 月 1 日，太原地铁 2 号线一期工程龙城大街铺轨基地正式开始铺轨。

2019 年 9 月 1 日，太原地铁 2 号线一期工程 23 座车站全面进入装修阶段。

2019 年 11 月 8 日，太原地铁 2 号线一期工程贾家寨车辆基地组立第一根接触网杆。

2019 年 12 月 16 日，太原地铁 2 号线一期工程龙城大街主变电站首台主变压器成功就位。

2019 年 12 月 31 日，太原地铁 2 号线一期工程全线轨通。

2020 年 3 月 1 日，太原地铁 2 号线一期工程各机电系统单系统开始调试。

2020 年 3 月 27 日，太原地铁 2 号线一期工程贾家寨车辆基地首条接触网承力索成功架设。

2020 年 6 月 24 日，太原市轨道交通 2 号线一期工程全线完成冷滑试验。

2020 年 7 月 26 日，太原市轨道交通 2 号线一期工程全线完成热滑试验。

2020 年 9 月 1 日，太原市轨道交通 2 号线一期工程正式进入空载试运行阶段。

2020 年 9 月 25 日，太原市轨道交通 2 号线第一批自动售检票系统设备正式亮相大南门站与龙兴街站。

2020 年 11 月 1 日，太原市轨道交通 2 号线一期工程正式按开通载客标准进入“跑图”模式。

2020 年 12 月 6 日，太原市轨道交通 2 号线一期工程顺利通过竣工验收。

2020 年 12 月 19 日，太原市轨道交通 2 号线一期工程通过运营前安全评估。

2020年12月26日，太原市轨道交通2号线一期工程正式进入初期运营阶段，山西从此进入“地铁时代”。